Meine Gu(e)te,
kath. Kirche...!

Meine Gedanken zu einer Modernisierung der katholischen Kirche in Deutschland

- zum Nachdenken,
Mitdenken und
Weiterdenken -

Gabriela Kursawa

© 2018 Gabriela Kursawa

Umschlaggestaltung, Illustration: Gabriela Kursawa

Verlag: tredition GmbH, Hamburg

ISBN Paperback: 978-3-7469-9449-9
ISBN e-Book: 978-3-7469-9451-2

Bibliografische Informationen der Deutschen Nationalbibliothek:
Die Deutsche Nationalbibliothek verzeichnet diese Publikation in der Deutschen Nationalbibliografie; detaillierte bibliografische Daten sind im Internet unter http://dnb.d-nb.de abrufbar.

…für meinen Mann,
mit dem ich erfahren darf,
dass Kirche mehr ist,
als teils jahrhundertealte Mauern,
mit dem ich mich wunderbar ergänze
in lebensnahen, modernen und lebendigen Formen
von Liturgie und Gemeinde

zum Titel

Eigentlich wollte ich mein Buch „Mein Gott, Kirche!"
nennen. Da ich aber entdeckt habe, dass es einen
solchen Buchtitel schon gibt *(Pfeiffer, Ute: „Mein
Gott, Kirche! 2017),* musste ich mir etwas anderes
suchen. Der etwas verzweifelte Ausruf sollte aber in
irgendeiner Form bleiben.
Ich suchte nach Synonymen zu „Mein Gott!" und
entdeckte auf eine neue Weise den Ausdruck
„Meine Güte".

Unter www.redensarten-index.de fand ich folgende
Beschreibung des Ausrufes "Meine Güte!":
*„Das von „gut" abgeleitete Substantiv „Güte"
bezeichnet positive Qualitäten der Hochwertigkeit,
sowohl im sachlichen als auch im ethischen und
religiösen Bereich ⋯ Bezogen auf Gott bezeichnet
Güte eine besondere Huld, Milde und Nachsicht
gegenüber dem Sünder. Die ursprünglichen als
Gebets- und Flehensformeln entwickelten
Wendungen „Gütiger Himmel" und „gütiger Gott"
haben sich bereits im Mittelalter zu Interjektionen
des Erstaunens und des Schrecks weitergebildet.
In der Redensart: „Ach du meine Güte" ist der Name
Gottes aus Scheu vor seiner Anrufung durch seine
Eigenschaft ersetzt (Tabuformel)"*

Und unter:
https://www.duden.de/rechtschreibung/Guete
lese ich

„Güte. Substantiv, feminin – 1. Freundlich-nachsichtige Einstellung gegenüber jemandem⋯"

Drei Aussagen treffen hervorragend auf mein Buch:

„Bezogen auf Gott bezeichnet Güte eine besondere Huld, Milde und Nachsicht gegenüber dem Sünder."
(siehe links)
Ich hoffe nicht, dass die Kritik, die ich in diesem Buch an Gottes Kirche habe, mich in seinen Augen zu einem Sünder macht, zumindest hoffe ich dann auf genau diese besondere *„Huld, Milde und Nachsicht."* *(siehe links)*

„⋯Interjektionen des Erstaunens und des Schrecks"
(siehe links)
Ja, mich erschreckt meine Kirche in der Tat immer dann, wenn ich merke, dass sie wieder einmal nicht vorwärts gehen will, wenn sie mit kindlicher Ängstlichkeit an Altem festhalten will und nicht merkt, was sie dadurch verliert.

„Freundlich-nachsichtige Einstellung gegenüber jemandem" *(siehe oben)*
Genau so möchte ich in meinem Buch mit meiner Kritik umgehen – freundlich nachsichtig.

Das Wortspiel „Gute/Güte" gefällt mir ebenfalls. Vieles kann darin mitschwingen. Denn auch wenn ich Kritik an der Kirche äußere, bleibt sie für mich doch gut. Von daher bin ich fast froh, dass ich meinen ursprünglichen Titel nicht benutzen kann. Dann also:

„Meine Gu(e)te, Kirche⋯!"

Vorwort

Ich bin traurig···
vielleicht ist das nicht die beste Voraussetzung, ein
Buch anzufangen, aber ganz sicher ist es eine große
Motivation.

Nun muss ich dazu sagen:
Motivation empfinde ich seit vielen Jahren, aber der
richtige Biss, die Sache anzugehen, fehlte bislang.
Meine Güte, Kirche!" – das habe ich schon so oft
gedacht.
Meine Güte, Kirche, warum bist du
so kompliziert,
so verkantet,
so hierarchisch,
so sachlich durchstrukturiert,
so altbacken,
so altsprachlich,
so verklebt,
so ängstlich,
so fremdartig,
so mächtig und so machtlos···
··· und doch so liebenswert, scheu und vertraut?
Ich bin traurig über dich, weil du mir so viel
bedeutest.

Ich – das ist in dem Fall vielleicht nicht ganz
unwichtig – bin eine Frau Anfang 60.
Ich bin verheiratet, habe zwei erwachsene Söhne
und eine Enkelin.

Ich habe Grundschulpädagogik studiert,
u.a. für das Fach katholische Religion,
arbeite aber seit über 40 Jahren in der Kirche,
zuerst in den kirchlich leicht revolutionären 70er
Jahren *nur* ehrenamtlich in der
Sakramentenkatechese, als Lektorin und
Gottesdienstvorbereiterin, dann auch beruflich als
Küsterin und Pfarramtshelferin, hier in erster Linie in
der Öffentlichkeitsarbeit.
Einige Jahre lang habe ich die Erstkommunion-
vorbereitung in unserer Gemeinde geleitet und die
Liturgie hat mich nie wirklich losgelassen.
Immer noch bereite ich verschiedene Gottesdienste
textlich und gestalterisch vor und bin aktiv in
unserer Gruppe der Gottesdienstleiter.
Ich glaube, ich muss zugeben:
Ich bin unbequem für meinen Arbeitgeber, weil ich
wenig angepasst bin. Oder sagen wir es so:
Ich *denke* unangepasst, *handeln* kann ich meistens
so, dass alle zufrieden sind.

Denn:
ich mag diese Kirche, und gerade deshalb kann sie
mir wehtun.

Um eines gleich vorweg zu nehmen:
Ich bin kein *verwundetes Kind*, mir hat nie
irgendjemand irgendetwas körperlich angetan.
Im Gegenteil, ich bin in meinem Leben bisher auf
eine Menge wundervoller Menschen in dieser Kirche
getroffen.

Der Grund für dieses Buch ist der Wunsch,
meine Erfahrungen weiterzugeben und
wachzurütteln da, wo sich verstaubte Vorstellungen
festgesetzt haben,
wachzurütteln da, wo alte kirchliche Traditionen
über menschliche Selbstverständlichkeiten stehen.

Ich möchte mein *Kopfschütteln* über Riten,
Wortwahl und manchmal - für mein Gefühl -
liturgische *Schauspielvorstellungen* äußern,
ohne der Kirche wehzutun.

Ich möchte meine Zweifel über so manche
verknöcherten Ausdrucksweisen zur Sprache
bringen.

Ich möchte mir selber Luft machen⋯
ja, auch das ist ein Grund.

Ich möchte diese Luft freisetzen für den Heiligen
Geist, auch wenn das jetzt schon wieder etwas
altbacken klingt, aber ich meine es so; für den
Heiligen Geist, der in der Kirche „wehen soll, wo er
will" (vgl. Joh 3,8), dem wir aber unsere
menschlichen, engen Strukturen auferlegt haben.
Ich hoffe, ich tue das mit diesem kleinen Buch nicht
auch⋯ Denn ich schreibe es in erster Linie FÜR die
Kirche.

Mich bewegt das Wort: „Aggiornamento" – bei
https://de.wikipedia.org/wiki/Aggiornamento
wie folgt erklärt:

„Das aggiornamento (adʒɔrnaˈmɛnto; italienisch: giorno - der Tag; auf den Tag bringen, in etwa also: Anpassung an heutige Verhältnisse) ist eine von Papst Johannes XXIII. eingeführte Bezeichnung für die notwendige Öffnung der katholischen Kirche (besonders ihrer Liturgie und ihrer äußeren Erscheinung), um ihr den Dienst in der modernen Welt besser zu ermöglichen. Es wurde als Leitmotiv zur Einberufung des Zweiten Vatikanischen Konzils interpretiert, das von 1962 bis 1965 tagte.“

Gerade die Klammerbemerkungen:
„besonders ihrer Liturgie und ihrer äußeren Erscheinung“ und die *„Anpassung an heutige Verhältnisse“* beschäftigen mich dabei ganz besonders.
Das ist das, was die Kirche braucht:
Aggiornamento!

Ich wünsche mir Leser, die mit mir auf eine interessante Reise gehen, unwissenschaftlich, sehr emotional, aber gegründet auf Erfahrungen, bei der wir gemeinsam erkennen, dass Kirche ein Schatz in unserem Leben sein kann, ein Schatz aber, der in meinen Augen etwas rostig geworden ist, dessen Werte zum Teil zugedeckt sind durch von Menschen gemachte Verbindlichkeiten.
Ich möchte auf dieser Reise liebevoll mit der Kirche umgehen, vor allem mit ihren Menschen, aber ich möchte auch klar sagen, wie weltfremd und

zeitfern sich Kirche für mein Empfinden heute noch hier und da verhält, und welche Folgen das haben kann.
Denn das macht mich traurig···

Ich möchte auch Interesse für die Kirche wecken, möchte zeigen, dass Kirche lebendig ist, und dass ihre Mitglieder nicht *hinter dem Mond leben.*
Ich habe die Hoffnung, dass meine Gedanken ein bisschen ansteckend sind und den einen oder anderen motivieren, an der Kirche von heute mitzubauen.

Aggiornamento!

Ein Wort an meine **weiblichen Leserinnen**:
Ich wähle in der Regel die männliche Form. Das ist zum einen Bequemlichkeit. Zum anderen empfinde ich es so, dass der Lesefluss gestört ist, wenn man ständig auch die weiblichen Endungen anfügen muss. Ich bin selber eine Frau, von daher hoffe ich, dass es mir keine übel nimmt.

Und ein Wort zu meinen **Mitchristen aus anderen Konfessionen**:
Wenn ich in diesem Buch von *der Kirche* spreche, beziehe ich mich auf die katholische Kirche, auf die katholische Kirche in Deutschland, meinem Heimatland. Die anderen kann und sollte ich nicht beurteilen. Das bedeutet nicht, dass ich alle anderen Wege in unserer Religion ignoriere oder gar für falsch halte. Ich bin nicht so sehr der Verfechter der *alleinseligmachenden katholischen Kirche*.
Mein Vater war evangelisch und ich habe viel ökumenischen Geist in mir und bin froh darüber. Ich kann aber kein Buch über die anderen Konfessionen schreiben, weil mir da das Wissen und schließlich auch die lebendige Erfahrung fehlen. Deshalb an dieser Stelle: Meine Achtung vor allen, die ihren Weg mit der Kirche hier und da anders gehen, deren Vorstellungen von denen der katholischen Kirche abweichen. Vielleicht finden Sie sich in manchen Passagen wieder, aber ich beabsichtige keinerlei Urteile über andere Richtungen, im Übrigen auch nicht über andere Religionen.

Inhaltsverzeichnis

Einführung in die Themen des Buches
- in nicht-chronologischer Reihenfolge -

Jeder, der schon einmal einen Abschlussgottesdienst einer weiterführenden Schule mitbekommen hat, spürt ganz deutlich, wie schnell die Form unserer Gottesdienste und vor allem seine Sprache an der Wirklichkeit der Schüler und mittlerweile auch ihrer Eltern vorbeigehen können.

= Thema:
Form und Sprache unserer Gottesdienste

Ich wähle dieses Beispiel Abschlussgottesdienst, weil es sehr deutlich macht, wie schwer es Kirche heute hat, aber auch welche Verantwortung sie trägt, für die kommenden Generationen *attraktiv* zu bleiben. Ja, ich denke, dass Kirche attraktiv im eigentlichen Sinne bleiben sollte: *anziehend*, nicht mit Macht, sondern mit Überzeugung, mit Herzlichkeit und Feingefühl, mit offenen Händen und Herzen.

In einem Abschlussgottesdienst kommen Menschen zusammen, denen man gesagt hat:
„Den Beginn und das Ende eines bedeutenden Lebensabschnittes stellt man unter den Segen Gottes", was ja grundsätzlich nichts Falsches ist, und ich als gläubiger Mensch würde das auch unterstreichen. Unsere Gesellschaft ist auch noch so gestrickt, dass die meisten diesem Gedanken folgen, sich dem – noch - nicht entziehen.

So gehört der Gottesdienst in vielen Schulen noch dazu, bevor die Abschluss- oder Abiturzeugnisse ausgegeben werden und die Schüler *ins Leben entlassen werden,* wie es so schön heißt. Und so kommen dann die frisch herausgeputzten Jugendlichen mit ihren Familien und Freunden zusammen in einen Raum, den sie zu einem großen Teil bei der Erstkommunion zum letzten Mal gesehen haben. In ländlichen Räumen ist das ein wenig anders, aber auch da spürt man die Kirchenferne ganz deutlich. Ich muss das nicht weiter kommentieren, das ist landläufig bekannt. Dass dieser Raum, in dem sie sich nun befinden, eine Kirche ist, wissen sie, vom Verstand her ist ihnen das klar, und Reste von Erfahrungen schwingen noch in ihren Köpfen. Aber was das alles mit ihnen zu tun hat, ist vorsichtig geschätzt 70% der Teilnehmer nicht mehr so ganz deutlich.

In einem Alter, in dem auch früher schon die religiöse Trotzphase stattfand, kommt bei ihnen heute beschwerlich hinzu, dass sie kein Heimatgefühl mehr entwickeln konnten zu einem Gebäude, das für ihre Großeltern noch wie selbstverständlich zum Leben dazu gehörte, für ihre Eltern vielleicht schon nicht mehr···

Das ist eine Tatsache, und ob wir das bedauern oder nicht, damit müssen wir leben, daran müssen wir arbeiten. Nur eins dürfen wir nicht: den jungen Leuten die Schuld geben, denn so sind sie groß geworden, mit *unserer* Erziehung, mit *unserem* Vorbild, in *unserer* Gesellschaft.

Auch möchte ich an dieser Stelle deutlich sagen, dass ich auch noch andere Erfahrungen mache. Es gibt noch Jugendliche, für die die Kirche eine gar nicht so kleine Bedeutung hat. Meine Sorge aber gilt zunächst den vielen, den weitaus meisten, die meine Kirche nicht mehr verstehen. Sie sind groß geworden auch mit den Erfahrungen der Eltern und Großeltern im Rücken, die noch eine ganz andere Kirche erlebt haben, eine strengere, eine fordernde, eine reglementierende, eine eingrenzende, eine sicher auch damals unsichere Kirche, die ganz menschlich versucht hat, sich an Vorschriften und Verboten zu klammern, die sie selber nicht wirklich verstanden hat – vermute ich mal···

Darüber wird in meinem Buch zu reden sein, denn diese Kirche von damals hat mich geprägt, hat mir wehgetan und hat mich inspiriert, hat mich ängstlich gemacht und auch mutig, hat mir geschadet und hat mich aufgebaut.

= Thema: „Alte" Kirche

Kommen wir zurück zum Abschlussgottesdienst. Gleich zu Beginn wird deutlich, dass *da vorne* – ich sag es mal bewusst provokant: etwas *aufgeführt* wird. Die Darsteller sind *verkleidet*. Ich vermute, der Priester wirkt durch das Messgewand, das man durchaus chic finden kann, für die meisten fremd und alltagsfern.

= Thema: Kleidung der Priester

Die *Bühne* ist gefüllt mit *Akteuren*, auf die man gespannt wartet.

Die ersten Worte werden gesprochen, die bekannt erscheinen: „Im Namen des Vaters, und des Sohnes und des Hl. Geistes".

Ja, das hat jeder schon einmal gehört. Ob alle das Kreuzeichen dabei machen können, ist schon nicht mehr so klar. Aber für Gott wird das kein Problem sein. All diese Menschen haben heute ein Recht darauf, hier zu sein, so wie sie sind, egal, wie weit sie von der Institution Kirche entfernt sind, ja auch egal, wie klein ihr Glaube ist. Sie gehören hier hin – übrigens auch der Priester.

„Was soll diese süffisante Bemerkung?", höre ich mich gerade selber fragen. Aber ich weiß, was sie soll. Mein Anliegen ist es, alle Menschen gleich wichtig darzustellen. Hierarchie tut dem Glauben nicht gut, das ist meine feste Überzeugung.

= Thema: Gleichberechtigung in der Kirche

Wir sind alle Kinder Gottes, und niemand „weiß" mehr über Gott als der andere, weil wir alle nicht wirklich etwas *wissen*, wir glauben.

Gott lässt sich – leider - nicht in unseren Hörsälen lehren, er lässt sich nicht wie eine mathematische Gleichung beweisen. Und so ist weder der Priester noch der eher fernstehende Zufalls-Kirchenbesucher mehr oder weniger wichtig in dieser Gemeinschaft. Und: ja, auch der Priester hat die gleiche selbstverständliche Daseinsberechtigung wie jeder andere.

Dieser Berufsstand hat es schwer genug in unserer Zeit und wird gerne schon mal belächelt. Dabei ist er von unschätzbarem Wert. Aber allzu oft wird die Person des Geistlichen in der heutigen Zeit abgewertet, als weltfremd abgetan. Damit tut man ihnen sehr Unrecht··· Selbstverständlich ist der Zölibat eine mehr als fragwürdige Auflage, die den jungen Menschen, die sich für diesen Beruf entscheiden, aufgebürdet wird. Aber es macht sie bei Weitem nicht zu Einzelgängern, die keine Ahnung vom Zusammenleben der Menschen haben – ein Klischee, das sehr leicht daher gesagt wird. Darauf werde ich an späterer Stelle noch genauer eingehen.

= Thema: Zölibat

Weiter im Abschlussgottesdienst: Die Schüler haben etwas vorbereitet, einen kurzen Dialog, ein Gebet, Lieder··· Und da sind wir bei der nächsten Kuriosität: den Texten so mancher Lieder und Gebete.

= Thema:
liturgische Sprache in Texten/Liedtexte

Mit einem in der heutigen Zeit schwer zu erklärendem Gehorsam singen die Menschen in den Gottesdiensten die Lieder vom Heft, vom Gebetbuch, von einer Vorlage ab, scheinbar ohne zu überlegen. Das ist nicht weiter böse, denn da steht nichts, was unangemessen wäre. Aber dass so mancher Text wirklich aus den Gedanken und Gefühlen der momentan Singenden oder Betenden kommt, wage ich doch zu bezweifeln. Wenn auch nicht gerade in einem Abschlussgottesdienst (da sind es ja oft die eigenen Gedanken der jungen Leute), aber sonst häufig wird lauthals mit voluminöser Orgelbegleitung (die ich hier in keinster Weise kritisieren möchte!) erklärt,

dass *Cherubime* – wer ist das? - im Himmel singen, dass die Erde *frohlockt* – wie geht das? - und dass *in aller Welt Freud' und Fried* ist - wie bitte···?

Klar, die Texte sind zum Teil sehr alt und ich werde mich auch damit auseinandersetzen und ihre Würde nicht herabsetzen.

Aber es bleiben (wie gesagt: zum Teil) Texte, die ihren nostalgischen Wert eher in einem Theaterstück finden könnten. So wie manche Operntexte in unseren heutigen Ohren verschroben und antik klingen, sie aber deswegen nicht weniger schön sind, weil sie wertvoll bleiben, so sind auch Musik und Texte der älteren Kirchenlieder wertvoll.

Es gibt nur einen Unterschied:

In die Oper geht man, um zu konsumieren, in die Kirche, um sich selbst, hier, jetzt und heute einzubringen, um mitzuerleben···

Viele Autoren neuer geistlicher Lieder aus der heutigen Zeit haben das verstanden und versucht, die aktuellen Erfahrungen und Gefühle der Menschen aufzugreifen – im Übrigen, so wie die Texter von damals auch liebevoll gehandelt haben.

Das sei nur gesagt, um deutlich zu machen, wie sehr ich die Menschen vor unserer Zeit schätze. Auch davon später mehr.

Noch einmal zum Schulabschlussgottesdienst: Für viele Anwesenden wird der nächste Kirchenbesuch die eigene Hochzeit sein oder die von Freunden. Das will ich nicht werten, aber das macht mich traurig. Ich, die ich seit 40 Jahren in dieser Kirche versuche, das *Heute* in die Gottesdienste zu bringen, die immer wieder hofft, dass etwas von dem in den Herzen der Menschen bleibt, was sie in der Kirche gehört und erlebt haben, ich habe immer wieder ein verlorenes Gefühl, wenn ich spüre, dass die meisten in ihrem Alltag weit weg sind von dem, was Kirche für sie zu bieten hat. Kann Kirche ihre Hoffnungen und ihre Fragen hier und jetzt und heute überhaupt noch beantworten? Wie kann Gott heute erlebbar, erfahrbar, erreichbar sein?

Ich werde diese Fragen nicht abschließend klären können. Aber das bisschen, was ich dazu beitragen kann, möchte ich versuchen.
Dabei ist mir wichtig, andere Meinungen gelten zu lassen. Ich weiß, wie unterschiedlich Menschen fühlen. Jeder hat seine eigene Geschichte, auch mit der Kirche.
Jeder hat andere Empfindungen bei dem einen oder anderen Text, den er in der Kirche hört oder singt.

Jeder hat andere Erinnerungen bei verschiedenen Kirchenfesten.

Jeder hat einen anderen Musikgeschmack.

Der eine ist geschichtlich interessiert, der andere nicht. Der eine liebt moderne Kunst, der andere eher barocke, gotische, antike···

Menschen haben Erlebnisse – positive wie negative oder auch gar keine - mit der Kirche im Laufe ihres Lebens.

Viele sind familiär gar nicht kirchlich sozialisiert.

Und vor allem gibt es auf dieser Welt nicht nur die deutsche katholische Kirche. Kulturelle Unterschiede in den Ländern dieser Welt führen auch zu unterschiedlichen Empfindungen. Mit diesen unterschiedlichen Voraussetzungen kann es keine alle glücklich machende Verhaltensweise von Kirche geben. Ich weiß das.

Aber auch ich habe meine Geschichte.

Ich lebe in Deutschland,

habe meine Kindheit in den eher strengen 60er Jahren in der Kirche erlebt,

habe den Aufbruch in den 70ern als Jugendliche erfahren und erlebe die Kirche seitdem aktiv mit.

Ich möchte einfach aufwecken, ich möchte die Leser zum Nachdenken bringen, möchte das Getriebe der Kirche ein wenig ölen, damit es sich weiterdreht, nach vorne, mit den Menschen von heute im Gepäck, die anpacken, die Kirche ins Heute holen – eben:

Aggiornamento!

Rückblick

Die *Alte* Kirche

Um zu verstehen, warum ich dieses Buch schreiben möchte, ist es wichtig, ein paar Jahrzehnte zurück zu gehen...:

Im Jahre 1957 geboren wuchs ich in Kempen am Niederrhein auf, wohl behütet mit liebevollen Eltern und einem jüngeren Bruder in einer Zeit, in der in Deutschland der Wohlstand aufbrach.
Ich habe davon durchaus profitiert.
Vom Wesen her war ich eher ein vorsichtiges Kind, war - gerade in der Schule - angepasst, oder soll ich sagen *gehorsam*?
Religiös wuchs ich in einer gemischt konfessionellen Familie auf. Mein Vater war evangelisch, meine Mutter katholisch. Ich lernte früh, ökumenisch zu denken. Beide Elternteile waren gläubig, aber keine regelmäßigen Kirchgänger. Kirche spielte aber in unserem Leben dennoch eine Rolle.
Diese Informationen über mich sind wichtig, um meine Geschichte mit der Kirche zu verstehen.
Denn 40 Jahre später habe ich erfahren, dass die Art und Weise, wie Kirche damals gelehrt hat, mich und meine Haltung, meinen modernen aber auch manchmal ängstlichen Umgang mit der Autorität Kirche geprägt haben und ein Grund für meine Entwicklung und meine Einstellungen bis heute waren und sind.

Der Katechismus in den 60er Jahren:

Ich habe im Laufe des Lebens religiöse Zwänge entwickelt, die ihren Ursprung - das vermute ich heute – in der damaligen Lehre des Katechismus meiner Grundschulzeit haben. Die Zwänge habe ich mit Hilfe eines mit mir befreundeten Priesters weitestgehend verarbeitet.

Dieser Katechismus mit seinen engen Lehren hat mich aber auch zu der Frau gemacht, die ich heute bin: Ich bin auf Konfrontation mit meiner Kirche und kämpfe für sie. Ich wehre mich gegen alles, was in meiner Kirche verstaubt ist, aber *poliere* nach Kräften daran. Ich warne vor allen Schritten, die unmerklich rückwärtsgehen und gehe bewusst *nach vorne*. Ich will wachrütteln, damit Kirche nie mehr in alte Gleise zurückfährt, die zum Teil meiner Meinung nach nicht der *Frohen* Botschaft entsprachen···

Bei alldem habe ich die Vorsicht bewahrt, die Vorsicht und die Achtung vor den Menschen. Ich weiß, ich schwäche meine Gedanken, meine Sätze hier in dem Buch gerne ab, indem ich Verständnis für die anderen deutlich mache und andere Meinungen gelten lassen möchte, oder mich entschuldige. Vielleicht ist das dem einen oder anderen Leser zu viel *Schleimerei.* Ich meine es aber sehr ernst. Denn das Letzte, was ich mit diesem Buch möchte, ist: verletzen.

Ich mute meinem Leser zu, dass er das mittträgt, ganz ernsthaft, es wird manchem zu viel werden, das weiß ich, aber ich mache es ganz bewusst.

Was sind religiöse Zwänge?

Da ist ein Kind, das sich gegen die Eltern aufgelehnt hat. Es weiß genau, dass es etwas falsch gemacht hat und versucht, es wieder gut zu machen, nicht nur, indem es sich entschuldigt, sondern auch, indem es sich selber bestraft: Das gewünschte Bonbon wird jetzt nicht gegessen, auf das Eis, das es vorhatte zu kaufen, wird verzichtet. Und das Fatale an diesen *Bestrafungen* ist die Angst, die dahintersteckt: „Wenn ich das Eis trotzdem esse, das Bonbon trotzdem nehme, dann passiert etwas···"

Da ist die Jugendliche, die sich gegen den Willen der Eltern die Haare pink gefärbt hat. Sie hat sich durchgesetzt, und sie ist bis zu einem gewissen Maße mächtig stolz auf sich selber, aber ihr Gewissen plagt sie trotzdem. Sie hat Angst vor Konsequenzen, die außerhalb ihrer Familie liegen, vor irgendeiner Strafe, die von wem auch immer kommt. Sie sagt sich: Gott bestraft mich nicht. Aber eine nebulöse Angst bleibt. Das Einzige, was hilft, ist die eigene Bestrafung. Und sie muss angepasst an das *Vergehen* sein. Da genügt es nicht, auf ein Eis zu verzichten, da muss schon die Jacke im Laden bleiben, die sie vorhatte zu kaufen, um ihr neues Outfit komplett zu machen···

Da ist der Mann, dem völlig unvermittelt und gegen seinen Willen mitten am Tag Schimpfwörter für Gott in den Kopf kommen, die ihn unsäglich quälen. (nicht zu verwechseln mit dem Tourette-Syndrom, bei dem die daran leidenden armen Menschen Worte oder Laute spontan aussprechen müssen. Zwängler *denken* nur, aber auch das reicht···) Er bekommt Angst, versucht die Worte zu verdrängen, und je mehr er sich gegen diese Gedanken wehrt, desto aufdringlicher werden sie. Der einzige Ausweg, den er sieht, ist eine Bestrafung. Da die Worte nicht aufhören, wird diese *eigene Zurechtweisung* zum täglichen Nervenstress.

Und irgendwann kann im Leben eines religiösen Zwänglers ein Problem hinzukommen, das den Teufelskreis komplett schließt:
Wenn ich Angst habe, dass Gott mich bestraft, traue ich Gott Böses zu. Das will ich aber nicht. Also darf ich mich nicht betrafen, weil ich damit die Möglichkeit, dass Gott böse sein könnte, untermauere, und das glaube ich nicht, und außerdem ist Gott dann vielleicht sauer oder noch schlimmer: traurig···
Wenn ich mich aber nicht bestrafe, habe ich Angst, dass was passiert··· Aber das will und darf ich nicht··· (verstanden···?)

Spätestens jetzt muss die Notbremse gezogen werden, denn sonst ist ein *normales* Leben nicht mehr möglich. Und diese Notbremse liegt in der Psychotherapie, besser noch in langen Gesprächen mit einem verständnisvollen Priester. Denn letztlich wird kein weltlicher Therapeut die Zweifel und Ängste eines religiösen Menschen *wegtherapieren* können, das kann – habe ich erfahren - nur *im eigenen Laden* geschehen.

Ich hatte das Glück, einen solchen Priester kennenzulernen. Ich habe die religiösen Zwänge – na, sagen wir mal – zu 75% überwunden.
Ich habe gelernt und verstanden, dass Gott mit mir leidet, wenn ich mich in diesem Teufelskreis befinde. Und daran will ich ganz fest glauben, denn Gott will nicht die Angst des Menschen. Er liebt die Menschen, er liebt mich, auch mit meinen Gedanken und Sorgen.

Was hat das nun mit der Kirche von damals und gar mit dem Katechismus der 60er Jahre zu tun? – eine Menge, wenn man mich fragt.
Religiöse Zwänge hatten in dieser Zeit leider einen gesunden Nährboden, und man musste sich keine Sorgen machen, dass er nicht genug *gegossen* wurde. Die katholische Kirche saß, ob sie das wollte oder nicht, ziemlich konkurrenzlos im Sattel der Macht über die Psyche der Menschen, die ihr nicht nur die Kirche selber, sondern auch die Gesellschaft gab, auch wenn es schon damals – und das ist mir wichtig zu sagen – viele liebevolle und verständnisvolle Geistliche gab, die mit sehr viel Feingefühl diese Macht ausübten.
Auch ich habe in meiner Kindheit in den 60er Jahren solche Menschen gekannt. Und dennoch habe ich religiöse Zwänge entwickelt.

Nach langen Recherchen vermute ich, dass der „grüne katholische Katechismus", wie wir ihn nannten, vielleicht der entscheidende Grund dafür war. Irgendwann hatte ich eine Art *Flashback*: Ich sah mich als Grundschülerin in der Klasse sitzen. Ein Kaplan lehrte *Katechismus-Unterricht* (im Gegensatz zum *Biblischen Unterricht*, der damals von einer Lehrerin unterrichtet wurde). Mir kam ein Moment in den Sinn, in dem ich Angst hatte, einfach nur Angst··· glaube ich zumindest ··· viel mehr weiß ich nicht mehr. Es war keine Angst vor dem Kaplan, es war eine Angst vor dem, was da gelehrt wurde···

Ich kann diesen Moment des *Flashbacks* nicht mehr zurückholen und will es auch nicht. Und es macht mir ein bisschen Sorge, dass ich vielleicht auf Grund dessen der Kirche vorschnell eine Schuld einräume, die sie gar nicht hat, aber zumindest habe ich daraufhin den Katechismus neu durchgelesen und mit Hilfe der Verarbeitung dessen, was ich da gelesen habe, die religiösen Zwänge ziemlich gut in den Griff bekommen.

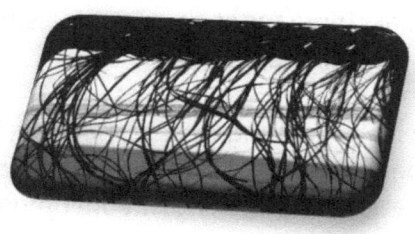

Die Gefahren des „Katholischen Katechismus" der 50er und 60er Jahre

Jeder, der bis hierhin gelesen und verstanden hat, wie perfide religiöse Zwänge sind, wird auch verstehen, dass es mir als Zwänglerin nicht leichtfällt, von Schuld im Zusammenhang mit Kirche zu sprechen. Aber die Lehren des katholischen Katechismus in den 1950er und 1960er Jahren waren schon schwer zu verdauen.

Wobei ich eines ganz deutlich sagen muss: Die allermeisten Geistlichen in der Mitte des 20. Jahrhunderts wollten nur Gutes, sind Priester geworden, weil sie sich berufen fühlten, die Liebe Gottes zu den Menschen weiterzugeben. Sie waren Kinder ihrer Zeit, die in Erziehung und Umfeld eher eine autoritäre Atmosphäre erfahren haben, und sind darüber hinaus groß geworden in der heillosen, angstvollen Zeit des Krieges. Sie sind – vermute ich mal - zum großen Teil Priester geworden, um den Frieden, den sich Gott auf dieser Erde wünscht, zu verkünden.
Sie haben Gutes gewollt und auch viel Gutes getan. Aber sie waren auch gefangen in der damals noch strengen Lehre der Kirche, denen sie sich verpflichtet sahen.
Und mit dieser Verpflichtung konnten viele sich nicht wehren gegen die damals gängigen Lehren, die Gott leider auch zu Erziehungsmaßnahmen benutzten.

Und davon war der damalige katholische Katechismus voll:

So hat mir z.B. Angst gemacht, wenn in diesem Buch deutlich gesagt wurde,

dass Gott alles, die geheimsten Gedanken sieht,[1] dass er die Menschen bestraft, um sie zum Guten zu bekehren[2] und dass ich als Kind an seinem Kreuzestod mit schuld sein sollte.[3]

Mir machte Angst, wenn ich las,
dass Gott selber Leiden schickt,[4] das ich gottergeben tragen sollte und dass ich Gott meine ganze Freiheit geben sollte.[5]

Das ganze Thema Sexualität wurde mit Angst behaftet und auf für mich damals undurchsichtige Art verteufelt.[6]

Ich habe mit Angst geglaubt, dass ich auf Dinge verzichten muss, um Gott zu gefallen,[7] und dass ich bei Nicht-Einhaltung der Gebote schon als Kind der Hölle oder dem Fegefeuer entgegen ging.[8]

Meine Klassenkameradinnen und ich waren sieben bzw. acht Jahre alt···

Heute wäre das undenkbar. Kirche hat mittlerweile wirklich Vieles verstanden.

Ich könnte zu fast jedem Kapitel dieses alten Katechismus meine Ängste und Traurigkeiten beschreiben, aber die Zeiten sind vorbei!!!

Der Grund, warum ich das dennoch erwähne ist nicht, den Ärger auf Kirche, den der eine oder andere vielleicht hat, noch zu schüren.

Ich möchte vielmehr damit all denen, die diese Aussagen noch kennen und vielleicht tief in ihrem

Inneren noch davon verängstigt werden, sagen, dass das vorbei ist, dass Kirche heute anders ist.

Bitte vergessen Sie nicht, aus welcher Zeit dieser alte Katechismus kam.

Denken Sie an Ihre Eltern, Großeltern, Urgroßeltern··· Sie haben damit gelebt und es war bis zu einem gewissen Grad *normal*, weil es irgendwie in die Zeit passte, was es zwar grundsätzlich nicht besser macht, aber es erklärt Vieles.

Ich möchte auch auf keinen Fall verschweigen, dass es andere Lehraussagen gab – auch in diesem Katechismus.

Auch sehr liebenswürdige Aussagen über Gott, über Jesus sind in diesem *Lehrbuch* zu lesen. Die große Liebe Gottes zu uns Menschen war durchaus auch Thema in den 60er Jahren.

So hat man auch uns schon gesagt, dass *Gott „für einen jeden von uns so da ist, als wäre er allein; und für alle so, wie für einen einzigen (Augustinus)",* [9]

dass „wir ihn (Gott) unseren Vater nennen und kindlich auf ihn vertrauen können", [10]

und dass die Kirche „mit besonderer Liebe versucht, allen zu helfen, die in seelischer und leiblicher Not sind." [11]

Vielleicht gehe ich vorschnell ins Gericht mit der Kirche von früher, wenn ich der Drohbotschaft von damals so viel Bedeutung zumesse.

Aber sie hat mich verletzt, so kann ich es heute nur vermuten, sie hat mir nachhaltig Angst gemacht, und sie hat bei vielleicht gar nicht mal so wenigen

Menschen zu Neurosen geführt, auf die die Kirche damals – so scheint mir - keine Antwort hatte.

Die Macht der Kirche über die Psyche der Menschen war – gewollt oder ungewollt - ungeheuer groß. Aber was machen wir jetzt mit dieser Erkenntnis, mit dieser Erfahrung von damals?

Wir können die Zeit nicht zurückdrehen. Und wenn jener Kaplan, dessen Name ich schon nicht mehr weiß, wüsste, dass da damals ein kleines Mädchen gesessen hat, das in seinem Unterricht Angst hatte, dass diese Angst das Leben dieses Kindes begleiten würde und es lange Jahre brauchen würde, sich davon einigermaßen zu befreien, dann hätte er sicher auch selber die Lehre seiner Kirche anders gesehen.

Aber es ist Vergangenheit und es ist nicht mehr zu ändern. Das lässt mich aber nicht resignieren.

Ich versuche in zweifacher Hinsicht damit umzugehen: Ich möchte – in meinen Augen - falsche Verhaltensweisen meiner Kirche aussprechen, ohne zu vernichten, und ich will verzeihen.

Ersteres ist ein sehr dynamischer Prozess. Ich gebe meine Erfahrungen weiter. Und vielleicht ist der eine oder andere Leser unter Ihnen, dem gerade ähnliche Erinnerungen kamen.

Dann hat es sich schon gelohnt, denn diese Erinnerungen können der Anfang sein zu einem Umdenken und auch zu einer Problembewältigung längst vergangener Ursachen. Ich bin sicher, dass es eine Menge Menschen in meinem Alter, vor allem noch ältere und vielleicht auch noch etwas jüngere gibt, die ähnliche Erfahrungen mit der Kirche gemacht haben, und die vielleicht auch bis heute – evtl. unterbewusst - noch darunter leiden, weil ihnen der Glaube auch mit Hilfe von Strafandrohungen beigebracht wurde.

Ich halte das für riskant, wie sich die katholische Kirche hier und da verhalten hat. Und wirklich verstehen kann ich es auch nicht. Ich empfinde es so, dass Kirche damit eine erhebliche Macht ausüben konnte. Sie hatte die Menschen, die Laien und die Priester, *im Griff* – ich hoffe unbewusst, aber da bin ich mir nicht sicher···

Es macht mich traurig, denn ich kann das nur schwer akzeptieren. Macht auf andere auszuüben, ist immer der falsche Weg. Aber irgendwie war es so···

Und damit komme ich zu dem zweiten Ansatz, dem Verzeihen.

Ich empfinde zwar manches Verhalten der Kirche von damals als Schuld, aber ich weiß auch, dass die Zeiten andere waren, nicht nur in der Kirche, sondern in der gesamten Gesellschaft. Strafen waren ein Erziehungsmittel, Autorität wurde gelebt und sie wurde mehr oder weniger akzeptiert. Kirche war da ein Kind seiner Zeit. Und ich weiß, dass es eine Menge Geistliche gab, die die Liebe Gottes auf eine sehr feinfühlige Weise lehrten. Es waren die, die den Mut hatten, auszubrechen aus dem Gefüge der Zeit. Aber allen anderen möchte ich auch keinen bösen Willen unterstellen.

Dennoch ist das Verzeihen nicht so einfach. Es hat sich nie jemand bei mir entschuldigt, und kann es auch nicht mehr. Ich hoffe nur, dass es nie mehr ein *Rückwärts* gibt. Das macht mir schon Sorgen··· Wie das mit dem Verzeihen wird, weiß ich noch nicht, vielleicht wird es am Ende dieses Buches leichter···

Meine persönliche Geschichte mit der Kirche hat nun einmal diesen Ursprung. Nein, nicht nur, denn die liebevollen Erzählungen vom *lieben* Gott, die ich von meinen Eltern und Großeltern gehört habe, und auch damals schon von den Geistlichen, sind ja auch in mir drin. So gesehen habe ich auch erfahren, in dieser Kirche geliebt zu sein. Und daran erinnere ich mich auch, und das trägt mich. Ich fand Kirche als Kind schon beeindruckend und ich mochte sie schon immer, trotz der Aussagen im Katechismus. Aber wohl jeder wird verstehen, dass angstvolle, drohende und negative Erfahrungen sehr tief sitzen, leider manchmal tiefer als die positiven.
Vielleicht aber bin ich deshalb sehr hellhörig in unserer Kirche, wenn ich spüre, dass sich Dinge nicht gut entwickeln,
wenn Kirche an den Menschen vorbei lebt,
wenn Kirche Gefahr läuft rückwärts zu laufen oder stehen zu bleiben,
wenn Kirche bewegungslos wird···
Man muss ja ganz deutlich sagen, dass das, was da im Katechismus der50er/60er Jahre stand, heute

weitestgehend so nicht mehr gelehrt wird. Kirche hat da eine Menge verstanden.

Aber dieser schleichende positive Veränderungsprozess war mir persönlich nicht öffentlichkeitswirksam genug.

Ich habe nie gehört (oder habe ich da vielleicht wirklich etwas überhört?), dass Kirche irgendwann einmal eingeräumt hat - sicherlich als Kind ihrer Zeit - nicht weit genug geschaut zu haben, nicht über die gesellschaftlichen Normen hinweg immer *nur* den liebenden Gott gepredigt zu haben. Das tut mir bis heute weh, auch für die Kirche. Auch darum schreibe ich, ich möchte der Kirche helfen, offen mit ihrer Vergangenheit umzugehen, die ja nie eine böse Absicht hegte.

Meine Gedanken hierzu sind natürlich entsprechend meiner persönlichen Geschichte individuell, und dennoch vermute ich, dass ich Manchem aus der Seele spreche.

Ich wünsche mir sehr, dass diese Gedanken auch da ankommen, wo man in der Kirche am Rad der Zeit dreht, wo man Macht hat, eine Macht, die ich immer wieder in Frage stelle, weil ich einfach nicht weiß, wie Jesus seine Kirche wirklich gewollt hat···, weil ich es in der Tat nicht weiß···

Ich sehe Macht aber grundsätzlich als etwas sehr Riskantes an, in jedem Bereich des Lebens, im privaten Leben, in der Gesellschaft und auch in der Kirche··· Ich glaube nicht, dass Jesus das will.

ein eher negatives Beispiel für die kirchliche *Macht* heute: Nicht-Zulassung zu den Sakramenten von Wiederverheirateten

Ich greife dieses Beispiel heraus, weil es sehr deutlich macht, wie sehr Kirche das Seelenleben der Menschen beeinflussen kann.

Vielleicht ist es ihr gutes Recht, ihre Mitglieder an ihre Gesetze zu erinnern, zu ermahnen, und ggf. auszuschließen. In gesellschaftlichen Vereinen kann das ja auch geschehen. In jeder politischen Partei gibt es Statuten, die man akzeptiert, wenn man eintritt. Ich weiß das. Aber ich werde das Gefühl nicht los, dass Kirche da anders agieren müsste. Denn ihr Gesetz ist letztlich nicht menschen-gemacht.

Und wenn Jesus sich ganz bewusst mit Sündern abgegeben hat, wenn er sein eigenes Ansehen riskiert hat, um den Menschen zu zeigen, dass die Gebote für den Menschen da sind und nicht umgekehrt, wenn er immer wieder verziehen hat, auch da, wo Menschen nicht oder nur schwer verzeihen konnten, dann kann sich Kirche doch nicht als Richter über die Verhaltensweisen der Menschen sehen, wenn sie die entsprechenden Menschen gar nicht kennt, wie die vielen wiederverheiratet Geschiedenen, die ich hier nicht als Sünder bezeichnen will!!!

Ich weiß, es ist wichtig, dass man Normen und Verhaltensweisen vorgibt. Das ist auf der ganzen

Welt so und es hilft uns Menschen, unsere Meinungen zu bilden und eine Persönlichkeit zu werden. Gesetze kann ich akzeptieren oder mich gegen sie auflehnen.

Bei manchen Gesetzen gibt es einen Spielraum, den ich habe, bei manchen nicht. All das ist klar, aber ich sehe in der Kirche letztlich die *Verwaltung des göttlichen Willens*. Das ist eine fast unmenschliche Aufgabe, und dass wir Menschen dabei Fehler machen, ist nur allzu verständlich. Entscheidend ist, dass wir uns alle nach der Liebe Gottes richten, für die Jesus in unsere Welt gekommen ist. Er hat sich bis zum mehr als bitteren irdischen Ende dafür eingesetzt, seinen lieben Vater zu predigen.

Ich kann dann nicht verstehen, wie man Menschen von den Sakramenten ausschließen kann, wenn sie ein Gesetz gebrochen haben, was sie einfach nicht mehr aushalten konnten. Mir tut es so weh, wenn ich sehe, dass meine Kirche Menschen vom Empfang der Eucharistie ausschließt, weil sie vielleicht nach langen verzweifelten Versuchen, ihre Ehe zu retten, aufgeben mussten, die sich bemühen zum Wohl der Kinder alles zu tun, in Freundschaft verbunden bleiben, aber keine Familie mehr sein können, die dann nach langer Einsamkeit und Traurigkeit jemanden finden, der sie auffängt, der ihnen wieder neue Lebensfreude gibt, der sie glücklich macht, dass meine Kirche dann immer noch glaubt, dass diese Sünde so groß ist, dass denjenigen quasi das Recht auf den Empfang der Eucharistie, den Empfang Jesu letztlich, verwehrt bleiben sollte. Und das wird auch noch zum Teufelskreis, weil man diese *Schuld* im Sakrament der Buße nicht loswerden kann, weil die Voraussetzungen für die Vergebung: die Reue und der Vorsatz, das Verhalten zu beenden, nicht vorliegen, weil man nicht bereuen kann, einen Menschen zu lieben und ein Ende der neuen Beziehung ja das nächste Leid provozieren würde···

In Mt 9, 12 heißt es:
"Die Gesunden brauchen keinen Arzt, sondern die Kranken!
Ein deutliches Wort···

Und was sagt meine Kirche in dem Fall bei wiederverheiratet Geschiedenen, die sie als Sünder bezeichnet···? Ob Gott das auch so sieht?
Ich persönlich kann es nicht glauben···

Traurig ist: Offiziell lässt meine Kirche diese Menschen letztlich nicht problemlos *zum Arzt,* verweigert ihnen die Heilung ihrer Seele···, obwohl man gerade in den Zeiten der Unsicherheit und Fragen als gläubiger Mensch die Kraft der Eucharistie braucht.
Gut, dass es vor Ort meistens anders gehandhabt wird··· und dass es mittlerweile Überlegungen von Theologen und manchen Bischöfen gibt, die sagen: Wenn die Eheleute nach einem Gespräch mit einem Seelsorger zur Überzeugung kommen können, moralisch richtig zu handeln, können sie zur Kommunion gehen. Ein zaghafter Anfang!

ein eher positives Beispiel für die kirchliche *Macht* heute: Sakrament der Versöhnung

In einer Zeit, in der die Wartezimmer der Psychologen voll sind, in der man auf einen Therapieplatz Monate warten muss, kann dieses Sakrament von unschätzbarem Wert sein, und - nein – es ist nicht mehr so wie früher.

In den Köpfen der meisten von uns kreisen noch die bangen Minuten vor der aufgezwungenen Beichte als Kinder, die Angst und die Peinlichkeit, die in uns vorherrschte, wenn man dem Priester all das sagen sollte, was einem ja selber nicht angenehm war. Und zumindest die Kirche der 60er Jahre und früher hat damit auch Angst gemacht.
Beichten musst du alles, was du weißt, nur das was du vergisst, ist mit vergeben, nicht das, was du extra nicht sagst, so habe ich es gelernt, und das machte Angst. Das Herz klopfte, die Hände waren nass und man lernte auswendig, was man sagen wollte/sollte/musste. So ging es wohl jedem.
Und danach hatte man ein freies Gefühl oder auch nicht, wenn man sich nicht traute, alles zu sagen.
Das schlechte Gewissen war dann sofort wieder da.
Aber in spätestens vier Wochen kam man ja wieder, das sah die Regel so vor, vielleicht verließ einem der Mut dann ja nicht.
Als *Buße*, als Wiedergutmachung sozusagen, bekam man eine Aufgabe, die ganz früher meist darin be-

stand, das *Vater Unser* oder das *Gegrüßet seist du, Maria* mehrfach hintereinander zu beten. Wie sinnvoll das war, weiß ich ganz ehrlich nicht.

Alles das hat sich geändert!!!
Und alle die, die bei der damaligen Form stehengeblieben sind, haben nie erfahren, wie wertvoll eine Beichte heute sein kann.
Zunächst einmal sind die Priester heute, was die Psychologie angeht, weit mehr ausgebildet. Zum Studium gehört auch die Pastoralpsychologie. Das ist selbstverständlich nicht mit einem kompletten Psychologiestudium zu vergleichen, aber das macht schon eine Menge aus. Wenn man dann noch ein Gespür für den Nächsten hat, was ein Priester haben sollte, dann ergänzt sich hier Psychologie und Glaube auf eine wohltuende Weise.
Beichten findet heute nur noch selten in den alten Beichtstühlen statt. Es gibt keine Form mehr, die man auswendig lernen muss, und keine Regeln, an die man sich halten muss. Wenn man heute das Bedürfnis hat, in einem geschützten Raum mit einem Menschen über ein Problem zu reden, dann kann man einen Priester fragen, der einem sympathisch ist und macht mit ihm einen Termin. Das geht meist schnell, es dauert auf keinen Fall Monate, und Schweigepflicht hat auch er.
Natürlich muss einem klar sein, dass man keinen ausgebildeten Psychologen vor sich hat, aber manchmal wirkt ein vertrautes Gespräch, das einem

Sicherheit und Angenommensein signalisiert,
Wunder. Darüber hinaus hat das Beichtgespräch
einen Vorteil, der nicht zu unterschätzen ist:
Die Vergebung Gottes, wenn man daran glaubt.
Man mag sich fragen, was einen Menschen, der ein
Priester ja nun mal ganz deutlich ist, dazu befähigt,
im Auftrag Gottes Sünden zu vergeben.

*„Jesus sagte noch einmal zu ihnen: Empfangt den
Heiligen Geist! ··· Denen ihr die Sünden erlasst,
denen sind sie erlassen; denen ihr sie behaltet, sind
sie behalten. (nach Joh 21 - 23)*

Ob das nun wirklich der biblische Hintergrund für
das Sakrament der Versöhnung ist, weiß ich nicht
genau, aber das steht in der Bibel. Zumindest wusste
Jesus wohl sehr gut, dass wir Menschen immer mal
wieder schuldig werden, und dass diese Schuld an
einem nagen kann. So verstehe ich es.
Er wusste um dieses Gefühl, das lähmt und den
Alltag nicht bewältigen lässt. Und er hat dafür eine
Hand gereicht, die wir annehmen dürfen.
Natürlich ist dafür der Glaube entscheidend, aber
das kann nur jeder für sich entscheiden.
Und natürlich geht es dabei nicht immer nur um
Schuld im theologischen Sinne. Manchmal muss
man einfach nur reden, und der Knoten platzt.

Kirche macht dieses Angebt des Gespräches, und sie
macht es auf eine sehr sympathische und
liebenswerte Weise.

Gleichberechtigung in der Kirche

Zölibat

Oje – ein sehr schwieriges Thema···
Und ich entschuldige mich gleich zu Beginn, weil ich weiß, dass ich darüber nicht unemotional schreiben kann. Ich habe ganz persönlich meine Geschichte damit, wie ich später erwähnen werde.
Da fühle ich mich *verwundet*.
Ich möchte direkt zu Beginn sagen, dass ich niemandem persönlich wehtun will, weder den Zölibats-Befürwortern, noch den Schwankenden in dieser Frage, noch denen, die am Hebel der Macht sitzen und aus welchen Gründen auch immer nicht reagieren.
Wir sind alle Menschen und haben alle unsere ganz persönliche Geschichte und unsere ganz persönlichen Gründe für unser Handeln. Ich bitte meine Leser, meine aus Erfahrungen resultierenden Äußerungen und Formulierungen auszuhalten.

Gleichberechtigung··· scheint für meine Kirche ein Wort zu sein, bei dem sie neurotische Ängste bekommt. Und hiermit meine ich in allererster Linie die Amtskirche, die *ganz oben*. Man hat das Gefühl, dass es in ihren Augen noch immer Menschen unterschiedlicher Art gibt: die Männer und die Frauen.
Nun hat zumindest die deutsche Kirche ohne Frauen keinen Inhalt mehr, denn wenn man sich die Gottes-

dienste ansieht, sitzen dort in der Regel 80% Frauen. Die Ehrenamtlichen sind ebenfalls gefühlt zu 80% Frauen.

Aber die *Bestimmer*, wie es so herrlich aus Kindermund heißt, sind immer noch die Männer. Und dann kommt noch eines hinzu: Nicht einfach Männer sind es, die zum Priesteramt zugelassen werden, sie müssen auch noch gewillt sein, niemals zu heiraten.

Was um Himmels Willen ist das für ein Gottes- und Kirchenbild, wenn man angesichts der immer geringer werdenden Zahlen von Priestern immer noch an diesem Gesetz der Kirche festhält, dass Priester nicht lieben dürfen – ich meine wirklich *lieben*, und ich meine in dem Fall nicht die Nächstenliebe.

Ein Grundrecht des Menschen wird von der katholischen Kirche ihren Geistlichen verboten. Sie arbeiten kräftemäßig bis zum Burn Out, weil sie immer mehr Gemeinden übernehmen müssen und haben noch nicht einmal die Möglichkeit, sich in einer Familie fallen lassen zu können, dürfen nicht erleben, was es heißt, Vater zu werden und das Wunder des Lebens zu erfahren. Sie haben nicht die Möglichkeit, ihre Gene weiterzugeben, weiterzuleben in ihren Nachkommen, ein Prinzip, das für die Menschheit unabdingbar ist.

Und sie dürfen ihren Eltern keine Enkel schenken···
Die Kirche nimmt nicht nur ihren Priestern ein Menschenrecht, sie sieht auch noch zu, wie dadurch

Gemeinden verweisen, lebendiger Glaube vor Ort nicht mehr möglich ist, weil immer mehr Kirchen geschlossen werden und Menschen keine religiöse Heimat mehr haben.

Die Eucharistie – das höchste Gut des Glaubens - wird einem Gesetz geopfert, das unmenschlich und unchristlich ist. Wie lange denn noch???

Mal ganz davon abgesehen, dass man in dem Zusammenhang auch einmal ganz deutlich von Sexualität sprechen muss. Kirche hat das Thema lange tabuisiert und in die *Schmuddelecke* verwiesen. Der Mensch ist auf Nachkommenschaft hin orientiert und Nachkommenschaft entsteht in der Regel nicht ohne Sex. Damit die Menschheit nicht ausstirbt, können wir Menschen mit Hilfe der uns gegebenen Hormone Lust auf den anderen empfinden, und diese Lust wird nicht wie auf Knopfdruck mit der Schließung der Ehe eingeschaltet und vor allem nicht mit der Priesterweihe ausgeschaltet.

Jeder Mensch hat natürliche sexuelle Gefühle. Jeder muss selbstverständlich auch verantwortungsvoll damit umgehen, keine Frage! Aber diese menschliche Gegebenheit einfach das ganze Leben lang zu unterdrücken, ist eben nicht menschlich.

Würde dies irgendeine x-beliebige Firma in Deutschland ihren Mitarbeitern verbieten, bekämen sie, denke ich, Schwierigkeiten mit dem

Bundesverfassungsgericht, zu Recht - nicht so die kath. Kirche···
Ja, nicht jeder Mensch möchte heiraten, nicht jeder Mensch möchte sein Leben lang in einer festen Partnerschaft leben. Das ist aber hier nicht die Frage. Hier geht es darum, dass ein menschliches Grundbedürfnis für eine bestimmte Berufsgruppe kategorisch verboten wird, und das Entgegenhandeln mit dem Rausschmiss gleichkommt.
Entweder du dienst Gott und deiner Gemeinde, oder du liebst einen Menschen so sehr, dass er dir Heimat, Geborgenheit, Schutz und Wärme geben kann, oder anders ausgedrückt:
Wenn du dich entschließt, Gott und deiner Gemeinde zu dienen, dann musst du eben auf Heimat, Geborgenheit, Schutz und Wärme verzichten. Vor allem aber musst du auf Liebe verzichten und auf die Erfüllung deiner dir angeborenen sexuellen Gefühle.
Hallo, geht's noch???

Ich kann kaum beschreiben, welch unfassbares Unverständnis, ja auch Zorn in mir aufkommt, wenn ich über den Zölibat nachdenke.

Nun zur Erklärung, denn dieses Unverständnis hat eine Geschichte:
Vor etwas mehr als 40 Jahren verliebte ich mich in einen jungen Studenten der Theologie, und er sich in mich. Ganze 6 Jahre lang haben wir umeinander

gekämpft. Sechs Jahre lang gab es Tränen, Kummer, aber auch Hoffnung und Glück.

Letztlich haben wir uns füreinander entschieden. Dieser junge Student ist bis heute mein Mann und wir konnten zwei Kindern das Leben schenken. Der Schritt für die Ehe, gegen den Priesterberuf, war weiß Gott nicht einfach. (Ja, Gott weiß es, er war und ist bei uns *mit im Boot*.)

Mein Mann musste gegen seine innere Berufung ankämpfen. Ich hatte ein schlechtes Gewissen, dass ich Gott einen Priester wegnahm.

Zur damaligen Zeit kannten wir eine Hand voll Pärchen, die das Gleiche durchgemacht haben. Unsere Männer haben damals den Beruf des Pastoralreferenten gewählt, der im Grunde aus genau dieser Situation heraus geboren wurde. Es war und ist ein interessanter Beruf. Die Arbeit vor Ort in den Gemeinden ist der eines Priesters durchaus ähnlich, nur dürfen sie keine Sakramente spenden. Pastoralreferenten/innen blieben immer Angestellte und haben bislang keine Chance, eine Gemeinde zu leiten. Mein Mann prägte das so treffende Wort der „institutionalisierten Zweitrangigkeit"···

In den 70er Jahren war der Nährboden für Priesteramtskandidaten jedenfalls noch sehr fruchtbar. Damals hätte die Kirche reagieren müssen, aber diese große Chance in der Geschichte hat sie verpasst. Jetzt ist es – wahrscheinlich – zu spät···

Ja – ich muss zugeben - der Zölibat hat in meinen Augen zwei zweifelhafte Vorteile:

Der Priester ist rund um die Uhr verfügbar, ohne dass er sich vor seiner Frau und seinen Kindern rechtfertigen muss, warum er gerade jetzt oder schon wieder wegmuss und keine Zeit für sie hat (obwohl es das in anderen Berufen auch gibt).

Dass dies nicht wirklich ein Vorteil ist, wird an den vielen stressbedingten Krankheitsausfällen von Geistlichen deutlich, die es nicht mal mehr schaffen, Zeit für sich selber zu haben, die kaum noch Privatsphäre haben und schlicht und ergreifend verbraucht werden.

Der zweite Vorteil ist – das muss ich zugeben – aus der Sicht eines Gemeindemitgliedes in der Tat einer: In seelsorgerischen Gesprächen hat man nicht so schnell das schlechte Gewissen, der Familie die Zeit mit dem Papa zu stehlen.

Das ist wohl gemeint mit der ständigen Verfügbarkeit, die ja *ein* Grund für den Zölibat sein soll. Ich gebe zu, dass das zieht, aber ich muss mir auch selber sagen:

Das ist egoistisch gedacht und absolut inakzeptabel! Unsere Priester werden seit Jahren – zumindest in Deutschland - mehr und mehr überfordert. Immer mehr Pfarren müssen sie übernehmen, und da sie ja dem Bischof gegenüber Gehorsam geschworen haben, können sie sich nur schlecht wehren.

Die Priester werden immer öfter krank und erleiden nicht selten ein Burn-out, der sie für lange Zeit arbeitsunfähig macht.

Hier müssen Menschen im Auftrage der Kirche bis zum Rand ihrer Kräfte arbeiten, nur um von dem alten, unsinnigen und menschenverachtenden Prinzip des Zölibats nicht abzuweichen. Wäre der Zölibat in den 70er Jahren aufgehoben worden, wir hätten eine andere Entwicklung in unserer Kirche erlebt. Wie gesagt: Jetzt ist es vielleicht schon zu spät⋯ Wenn nicht, dann heißt es jetzt: handeln! Nur meine Ohnmacht, die mir hier klar wird, macht mich so traurig.

Wie lange schon stöhnt das „Volk Gottes" unter dem Zölibat? Wie lange schon wird seine Abschaffung gefordert? Wie lange schon trifft man in der katholischen Kirche in dieser Sache auf taube Ohren?

Wie viele Päpste lang hat man gehofft, dass es sich endlich ändert? Wie lange noch?

Ich traue es unserem jetzigen Papst Franziskus zu, dass er ein Einsehen hat.

Aber wird er sich durchsetzen können?

Nur mal eine kleine Hilfestellung für meine Kirche: Im 1. Timotheus Brief steht:

„Deshalb soll der Bischof ein Mann ohne Tadel sein, nur einmal verheiratet⋯" (1Tim 3,2)

"⋯ Er soll ein guter Familienvater sein⋯" (1Tim 3,4)

„Die Diakone sollen nur einmal verheiratet sein und ihren Kindern und ihrer Familie gut vorstehen⋯" (1Tim 3,12)

Halten wir uns jetzt nicht an dem *einmal verheiratet* auf, aber es ist doch schon interessant...

Ein Lied von Michel Sardou von 1973 hat mich damals schon sehr angesprochen, weil es auf eine sehr emotionale und traurige Weise die Einsamkeit mancher Geistlicher besingt:
Nachzuhören u.a. bei:
https://www.youtube.com/watch?v=2a2Uwr-r4Gw

„Moi qui suis le jeune curé de la paroisse abandonnée, là-bas, au flanc de la montagne, moi qui n'intéresse personne pas plus les cardinaux de Rome que mes paroissiens qui se damnent, quand je m'ennuie, les soirs d'hiver, comme un berger dans son désert, je vais coucher dans mon église

Ah, bon Dieu, si l'on était deux! Ah, bon Dieu, si l'on était deux! Pour t'aimer, pour te servir on ne serait pas trop de deux.
Ah, bon Dieu, si l'on était deux!

Moi qui suis le jeune curé de la paroisse abandonnée, souvent, je pense à cette femme, qui partagerait le pain, le sel, qui m'endormirait avec elle et qui protégerait mon âme,

Mais là, devant la croix de Dieu ma prière n'atteint pas les cieux. Je suis tout seul dans mon église.

Ah, bon Dieu, si l'on était deux! Ah, bon Dieu, si l'on était deux! Pour t'aimer, pour te servir on ne serait pas trop de deux.
Ah, bon Dieu, si l'on était deux!

Accorde-moi cette faveur.
Si tu ne m'entends pas, Seigneur, demain on fermera ton église,

Ah, bon Dieu, si l'on était deux! Ah, bon Dieu, si l'on était deux! Pour t'aimer, pour te servir on ne serait pas trop de deux
Ah, bon Dieu, si l'on était deux!" [12]

Das Lied hat mich tief bewegt zu der Zeit, als mein Mann und ich um unsere Liebe kämpfen mussten. Und dieses Lied hat für mich an Aktualität nichts verloren.

Er singt von dem einsamen Pfarrer einer Berggemeinde, der sich nichts sehnlicher wünscht, als eine Frau an seiner Seite haben zu dürfen, die ihm die Einsamkeit nimmt, die sein Leben mit ihm teilen kann und fleht Gott an, seine Bitte zu erhören. Er sorgt sich darum, dass die Kirchen eines Tages geschlossen würden, wenn seine Bitte nicht erhört würde.

Wenn ich dieses Lied höre, tut es mir weh, weil es so wahr ist. Denn das Schließen der Kirchen hat längst begonnen⋯

Dass Gott es selber ändern wird, wage ich zu bezweifeln, auch wenn er den verzweifelten Schrei des *jungen Pfarrers* verstehen wird. Aber ich glaube, Gott wird uns die Freiheit lassen, menschliche Gesetze zu erlassen und sie ggf. zu lösen.
Es kommt auf uns Menschen an.
Leider muss ich sagen, in meinen Augen versagt da meine Kirche, und das ist so unendlich traurig.
Ich leide darunter, weil ich die Menschen sehe, auch die, die dafür verantwortlich sind, den Papst, die Bischöfe··· sie alle haben Gründe, warum sie sich so verhalten, vielleicht haben sie sogar Ängste, die sie nicht überwinden können. Vielleicht glauben sie wirklich, dass Gott den Zölibat will.
Ich kann meine Meinung nicht als die allein Richtige hinstellen.
Und dennoch spüre ich so sehr, dass ich *Recht* habe damit, ich und die vielen, vielen, vielen Menschen, die genauso denken.

Meine Güte, Kirche, warum?

Ich habe erlebt, dass es geht: Mein Mann und ich sind nun schon über 45 Jahre in der Kirche gemeinsam tätig, natürlich ist er *nur* Pastoralreferent, aber er hätte auch Priester sein können, das hätte keinen Unterschied gemacht.
Denn es hätte – den Zölibat zur rechten Zeit aufgehoben – weit mehr Priester gegeben als heute, und die Überbelastung für die Pfarrer und auch für ihre Familien wäre nicht so groß geworden.

In unserem Freundeskreis wären in den 70/80er Jahren allein vier junge Männer Priester geworden. Wenn auch die Frauen gedurft hätten, sicher noch mehr, allein in meiner kleinen Stadt.

„Ah, bon Dieu, si l'on était deux! *(siehe oben)*
Wie schwer kann es werden, das Versprechen bei der Priesterweihe aufrecht zu erhalten. Nicht wenige Priester können es nicht halten.
Da entstehen Kinder aus einer manchmal verzweifelten Liebe und diese Kinder müssen dann nicht selten in der Öffentlichkeit auf ihren Vater verzichten.
Meine Güte, Kirche, warum?

Vielleicht··· vielleicht muss der Bruch mit dem Zölibat *von unten* entstehen...
Unsere katholische Kirche in Deutschland ist an einem Punkt, an dem es so nicht mehr weitergeht. Es gibt immer weniger Priester, die Gemeinden werden ungewollt zusammengelegt, Heimat geht verloren, Eucharistiefeiern werden zwangsläufig reduziert.
Es gibt da in meinen Augen zwei Möglichkeiten: Entweder sorgt die Kirche dafür, dass es Männer und Frauen gibt, die die Eucharistie feiern dürfen, d.h. sie weiht dafür bereite und geeignete Menschen, egal welchen Familienstandes und Geschlechtes.
Oder···

Oder die Gemeinden verselbstständigen sich.
Kirche von unten war schon in den 70er Jahren ein Thema. Den Schritt zur Trennung von der katholischen Amtskirche hat in den letzten Jahrzehnten noch niemand offiziell gewagt.
Gott sei Dank!
Aber wie lange geht das noch gut?
Wenn den Gemeinden die Erfahrung der Eucharistie genommen wird, dieses Tun, das sich Jesus als Erinnerung an sich gewünscht hat, wenn Gemeinden dieses Tun genommen wird, weil Kirche glaubt, dass die Eucharistie nur Männer feiern dürfen, nur unverheiratete Männer, dann wird es unsere Kirche bald nicht mehr geben, oder sie baut sich neu auf von unten···
und das dann sicher nicht nur mit Männern···
Auf dem Weg dahin wird es allerdings viele Verluste geben. Viele, die enttäuscht sind von ihrer Kirche und sich abwenden, weil die Kirche ihnen keine „Hirten" mehr gibt.
Und warum? Besonders auch, weil man den Priester die ganz fundamentalen menschlichen Rechte auf Liebe und Selbstbestimmung genommen hat und das aus keinem ersichtlich vernünftigen Grunde.

Es wird noch mehr Menschen geben, die die Kirche verlassen, weil man ihnen die Heimat genommen hat, weil ihre Kirche geschlossen wurde, und man ihnen auch noch klarmachen will, dass sie es selber schuld seien, weil nicht mehr genug Menschen zur Kirche gehen.

Ganz klar, am besten wäre nach meinem Empfinden ein Paukenschlag, ein auf Einsicht basierender Entschluss aus Rom, dass ab sofort – ohne Übergangsregelungen und ohne kurze bis mittelfristige Kompromisse - die Voraussetzung für das Priesteramt nicht mehr die Ehelosigkeit ist.
Ich habe da so meine Zweifel, auch wenn ich die Hoffnung, gerade bei Franziskus, nicht aufgebe.

Mit Kompromissen, die ich für unnötig halte, meine ich zum einen die auf Stufen basierende Abschaffung des Zölibats:
erst für Jahre die Weihe für verheiratete Diakone, dann die Priesterweihe für *viri probati* (in Gemeinde und ggf. Familie bewährte Männer), usw.
Dafür ist es zu spät. Die Folgen des – auch auf Grund des Zölibates resultierenden - Priestermangels sind schon viel zu weit fortgeschritten, als dass für diese *Spiele* noch Zeit wäre.
Zum anderen meine ich den falschen Kompromiss der Aufhebung des sog. „Pflichtzölibates", was ich so verstehe, dass sich jeder junge Mann, der Priester werden möchte, bei seiner Weihe entscheiden kann, ob er zölibatär leben möchte oder nicht.
Diese Variation hat überhaupt keinen Sinn, denn auch dann, wenn man meint, ehelos leben zu können und auch zu wollen, kann einem die große Liebe später im Leben begegnen. Damit ist niemandem geholfen.

Weder der eine noch der andere Kompromiss ist für mein Empfinden vertretbar. Ganz oder gar nicht, wobei *gar nicht* keine Option mehr ist.

Natürlich wird es immer Menschen geben, die gerne alleine bleiben, selbstverständlich muss niemand heiraten, das wird bei dieser Diskussion oft vergessen. Wie viele Junggesellen und Junggesellinnen gibt es, vollkommen berechtigt. Ich denke, das bedarf keiner Diskussion. Hier geht es lediglich um das Verbot einer menschlich natürlichen Selbstverständlichkeit.

Was machen wir aber, wenn *von oben* nichts kommt? Es sieht nicht so aus, als hätte man dann überhaupt eine Chance.

Ich bin mir da nicht so sicher···

Es gibt m.E. eine aktive und eine passive Möglichkeit.

Letztere wäre eine veränderte Atmosphäre - das Herabholen des Priesters von seinem gesellschaftlichen Thron hin zu einem ganz *normalen* Mitmenschen wie du und ich, das Empfinden von Selbstverständlichkeit über die Tatsache, dass auch Priester Freunde und Freundinnen haben dürfen, ohne dass *getuschelt* wird und letztlich sogar die Mitfreude über ein Kind, dass trotz Verbot aus Liebe gezeugt wurde.

Eine so veränderte Atmosphäre wäre wie der *stete Tropfen, der den Stein höhlt,* aber das dauert···

Die aktive Möglichkeit ist dann die Stimme eines jeden. Vielleicht muss es immer und immer wieder Anträge an den Papst geben oder zunächst mal an die Bischöfe zur Abschaffung des Zölibates, mit möglichst hunderttausenden von Unterschriften, ein sicherlich arbeits- und zeitaufwändiges und nicht einfaches Vorhaben, aber eine Möglichkeit, um nicht aufzugeben.

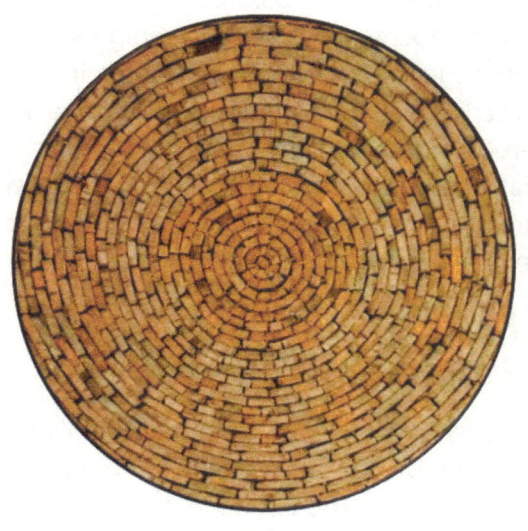

Frauen in der Kirche

Nein, ich bin keine Frauenrechtlerin. Ich gehöre eher zu den Menschen, die die Unterschiede, die es nun mal zwischen Frauen und Männern in Denken, Handeln und Empfinden gibt, weitestgehend kennt und akzeptiert.

Aber ich glaube nicht, dass Gott möchte, dass ein Geschlecht mehr Macht hat als das andere, dass das eine gar über das andere herrschen sollte, dass der Wert des einen höher geschätzt wird als der des anderen. Ich glaube nicht, dass Gott Unterschiede macht. Dabei möchte ich genauso wenig eine nur von Frauen regierte Kirche. Ich wünsche mir Gleichberechtigung, komplette nicht diskutierbare Gleichberechtigung in allen Teilen unserer Kirche. Weder Patriarchate noch Matriarchate haben den Menschen im Laufe der Geschichte wirklich gutgetan. Die gegenseitige Akzeptanz und die Achtung sind die Grundlage für ein friedliches Zusammenleben. Ich finde es so traurig, dass meine Kirche das scheinbar anders sieht···

Dabei muss ich wohl – wenn ich ehrlich sein will - etwas zugeben: Der Gedanke an Priesterinnen ist mir noch sehr fremd, und ich fühle mich dabei noch etwas unsicher. Das kann und darf aber meine Einstellung nicht beeinflussen.

Es gibt nach meinem Empfinden keinen einzigen sachlichen Grund dafür, dass Frauen keine Priesterinnen werden können.

Unsere Gesellschaft hat sich verändert. Aus mir unvorstellbaren Gründen galten Frauen auch in Deutschland jahrhundertelang auch in weltlichen Dingen eher als unterwürfig, zweitrangig, allenfalls begehrenswert. Dass auch in der Kirche „das Weib zu schweigen" hatte (vgl. 1 Kor 14,34), war dann nur logisch und der Zeit geschuldet, auch wenn ich das heute nur schwer verstehen kann.

Aber die Zeit hat sich geändert.

Und auch meine Kirche hat vorsichtig nachgezogen: So sind beispielsweise – um mal bis in die 1950er Jahre zurückzugehen - die sog. *Aussegnungen* einer Frau nach der Geburt eines Kindes Gott sei Dank Riten der Vergangenheit – eine damals in meinen Augen unerhörte Anmaßung von Seiten der Kirche.

So gibt es heute in der Regel selbstverständlich Mädchen, die Messdienerinnen werden möchten und dürfen und es gibt Lektorinnen.

So gibt es heute Gemeinde- und Pastoralreferentinnen, die im kirchlichen Alltag nicht mehr wegzudenken sind und unverzichtbare Arbeit leisten.

So können Frauen die Kommunion austeilen und Wortgottesdiensten vorstehen.

Ja, es hat sich schon viel getan. In den letzten 50 Jahren hat die Kirche für ihre Verhältnisse Quantensprünge hingelegt, Quantensprünge, auf die sie sich aber nicht ausruhen darf, denn unsere Zeit potenziert im Moment ihre Geschwindigkeit. Und da kann man verdammt schnell abgehängt werden. Es fährt kein Zug mehr zurück, auch nicht für die katholische Kirche, sie muss ihren Wagen anhängen an den Zug des Lebens, wenn sie noch mitfahren will. Und dazu gehört es auch, dass Frauen wie selbstverständlich all das in der katholischen Kirche machen und verkünden dürfen, wie Männer und dass sie auch Priesterinnen werden können. Darüber sollte m.E. kein Papst *für immer* entscheiden dürfen.

Im Übrigen würde ich genauso für die Männer kämpfen, wenn sie geringer geachtet würden.

Das deutsche Grundgesetz sagt im Kapitel 3 klar und deutlich:

„(1) Alle Menschen sind vor dem Gesetz gleich.
(2) Männer und Frauen sind gleichberechtigt. Der Staat fördert die tatsächliche Durchsetzung der Gleichberechtigung von Frauen und Männern und wirkt auf die Beseitigung bestehender Nachteile hin.
(3) Niemand darf wegen seines Geschlechtes, ··· benachteiligt oder bevorzugt werden...“

Warum sieht meine Kirche das nicht genauso?
Mich macht das traurig···

Gehorsam

Der junge Mann verspricht bei seiner Weihe neben der Ehelosigkeit - wie oben schon erwähnt – Ehrfurcht und Gehorsam seinem Bischof und all seinen Nachfolgern gegenüber.

„Versprichst du mir und meinen Nachfolgern Ehrfurcht und Gehorsam?" Und er antwortet: „Ich verspreche es." *(aus der Weiheliturgie)*

Ganz ehrlich, es fällt mir schwer, dieses Versprechen zu verstehen.

Es macht mich traurig und leider auch sehr ärgerlich. Ich weiß schon, dass durch diese Strategie der Faden vom Papst über seine Bischöfe hin zu den Priestern kontrollierbarer bleibt und dadurch die Lehre der katholischen Kirche möglichst wenig Willkür ausgesetzt wird. Das halte ich auch für sinnvoll.

Dennoch bleibt auch dieses *Gebot* unmenschlich. Und ich habe in dem Fall Mitleid nicht nur mit den jungen Priestern, sondern auch mit den Bischöfen. Es führt zu Abhängigkeiten, die die Freiheit des Menschen auf eine Art einschränkt, die ein Stück weit das Gefühl von *Herren und Dienern* wiedergibt – eine Gesellschaftsform, die wir eigentlich hinter uns gelassen haben.

Ja, ich weiß, in jedem Job gibt es Menschen, die *das Sagen haben*. In jeder Firma gibt es einen Boss, dessen Anweisungen man besser nicht allzu oft missachtet oder in Frage stellt. Und auch jeder Beamte verspricht, sich dem Staat regelkonform zu verhalten. Für mich gibt es aber erstens einen Unterschied zwischen Wirtschaft, Staat und Kirche und zum anderen spricht man – glaube ich - in weltlichen Unternehmen nicht von Gehorsam. Gehorsam ist ein schwerwiegendes Wort, es erinnert an Unterdrückung, an Unfreiheit und Rechtlosigkeit. Damit will ich nicht behaupten, dass Bischöfe ihre Priester unterdrücken, unfrei machen oder gar rechtlos. Ich weiß, dass die Bischöfe in vernünftigem Dialog mit ihnen stehen, dass wohl kaum ein Bischof über die Köpfe seiner Priester hinweg einsame Entscheidungen trifft, denn auch der Bischof hat eine Verpflichtung: für seine Priester zu sorgen. Dennoch gehört m.E. das Wort „Gehorsam" nicht in die Regeln des Miteinanders in der Kirche.

Gott will den Menschen frei – das glaube ich. Menschen moralisch an andere zu binden, ist meinem Empfinden nach unmoralisch. Gar nicht geht, dass ein junger Mann, der Priester wird, nicht nur seinem jetzigen – ihm sicherlich bekannten - Bischof den Gehorsam verspricht, sondern auch noch allen seinen Nachfolgern.

Ich halte das für extrem gefährlich. Das Vorgehen, noch unbekannten Nachfolgern des Bischofs Ehrfurcht und Gehorsam bei der Weihe zu versprechen tut mir weh und macht mir Angst, weil unkalkulierbar.

Niemand sollte auf die Zukunft hin irgendeinem wildfremden Menschen Gehorsam geloben. Diese Tatsache ist in meinen Augen absolut ungesetzlich!

Priester sind selbstverantwortliche Menschen, denen man im Laufe ihrer Ausbildung lange genug auf den Zahn fühlen kann. Wenn man einmal einen Menschen für würdig erklärt hat, die Arbeit eines Priesters vernünftig auszufüllen, dann denke ich, sollte man ihn auch in die Freiheit entlassen und an keinen anderen Menschen binden, nur an Gott. Gott darf er Gehorsam geloben, keinem Menschen dieser Welt.
Und man sollte diese Bürde weder den Priestern noch den Bischöfen auferlegen.

Titel in der Kirche

Wenn man doch einfach nur *normal* miteinander umgehen könnte in meiner Kirche! Mit *normal* meine ich: ohne Hierarchien, ohne oben und unten, einfach nur miteinander.

Ich wünschte mir, dass ein Bischof nicht höher angesehen wäre als ein Kaplan, und ein Pfarrer nicht mehr als ein *normaler* Kirchgänger.

Ich wünschte mir, dass keiner aus der *kirchlichen Chefetage* einen Dienstwagen der höheren Kategorie mit Fahrer hätte, und dass er sich kleidungsmäßig nicht vom Lehrer unterscheiden würde.

Ich wünschte mir, dass man die abgrenzenden Anreden wie:

„Herr Kaplan", „Herr Pastor", „Herr Bischof", „Hochwürden", „Herr Kardinal", „Excellenz", „Eminenz", ···

oder beim Papst: „Eure Heiligkeit", „Heiliger Vater", und „der Heilige Stuhl" endlich nicht mehr benutzte.

Ich sage das nicht, weil ich den Menschen ihren Titel nicht zugestehe. Ich mag es grundsätzlich nicht, wenn man Menschen klassifiziert.

Früher war das üblich, ich weiß. Der Herr Lehrer, der Stadtrat, der Bürgermeister, der Richter, all jene Menschen, die scheinbar über andere zu herrschen hatten, wurden mit dem Titel angeredet.

Ich selber habe einen lieben Bekannten, einen Priester, der lange Jahre Dechant seines Dekanates war, mit *Herr Dechant* angeredet, ohne mir

Gedanken darüber zu machen. *Dechant* war eigentlich so etwas wie sein Nachname geworden. Heute sehe ich das differenzierter und ehrlicher. Für mich sind alle Menschen gleich wert. Der Bettler auf der Straße hat nicht weniger Recht auf Wertschätzung als der Bundespräsident. So gibt es für mich keinen Grund, einen Geistlichen mit seinem Titel anzureden, im Übrigen auch keinen Arzt.

Der Gerechtigkeit halber sei an dieser Stelle gesagt, dass ich mir verbieten würde, dass man mich mit einem Titel anredet, wenn ich einen hätte.

Ich kann mir einfach nicht vorstellen, dass Gott Unterschiede unter seinen *Kindern* machen möchte. Ich mache sie als Mutter doch auch nicht, egal welche Berufe meine Kinder ergreifen.

Wenn Gott alle gleich liebt - und das glaube ich, dann wird er niemanden bevorzugen, auch nicht, wenn er sein ganzes Leben in seinen Dienst stellt. Der Familienvater, der Bergarbeiter, die Lehrerin, der Fließbandarbeiter, die Architektin, der Arbeitslose, die Putzfrau, der Krankenpfleger, der Manager, der Fabrikbesitzer und der Mechaniker ⋯ - alle sind gleich wichtig.

Da darf es kein Oben und Unten geben.

Unsere Gesellschaft wird es nie schaffen, so zu handeln, aber die Kirche sollte das wenigstens versuchen. Wir sind alle Kinder Gottes und niemand ist wichtiger als der andere.

Vielleicht sollte ich es positiv ausdrücken:

Alle sind genauso wichtig, wie der Kardinal – nur so als Beispiel. Hierarchie schafft Abhängigkeit.

Hierarchie schafft Neid und Abhängigkeit. Hierarchie macht ungleich. Das ist in meinen Augen nicht christlich und wird auch den vermeintlich höher gestellten nicht gerecht. Es schafft Mauern und macht einsam.

Vielleicht denkt mancher Leser, dass mir bei aller Kritik, die ich in meinen Worten bislang gefunden habe, gar nichts *heilig* ist, noch nicht mal der Papst. Das ist nicht ganz wahr.
Ich schätze gerade Franziskus, der mir wirklich Hoffnungen macht. Ich schätze das Papsttum als solches, weil es guttut, jemanden zu haben, der die Fäden in der Hand hält und versucht, die Lehre Jesu möglichst unverfälscht über die Jahrhunderte zu tragen.
Aber natürlich ist mir der *Apparat* Vatikan nicht ganz geheuer. Hier ist jahrhundertelang viel zu viel Macht im Spiel gewesen, und ich denke mal, das ist immer noch nicht vorbei.
Franziskus wird nicht einfach handeln können, wie er will. Das ist schon ein bisschen traurig, aber ich versuche Verständnis dafür zu haben, weil es alles Menschen sind, die da leben und arbeiten, Menschen, die eine andere Meinung und Lebenseinstellung haben als ich, die auch ein Stück weit im Vatikan in einem *goldenen Käfig* leben.
Schlimm ist nur, dass die Macht ungleich verteilt ist. Es dürfte eben grundsätzlich keine Macht in der Kirche geben. Sie zerstört letztlich nur.

Um noch mal auf den Papst zurückzukommen.

Ich mag ihn sehr. Ich benutze bewusst, dieses menschliche Wort *mögen* und keine dem Papsttum angemessene Vokabel, wie *ehren* oder *achten*, denn gerade das Menschliche mag ich an Franziskus, das dem Menschen, dem einfachen Menschen zugewandt sein, seine Liebe zu den Armen, seine einfache Kleidung. Ich mag ihn, aber er ist nicht mein *Heiliger Vater*. Er ist für mich keine *Heiligkeit*, und sein Amt ist für mich nicht der *Heilige Stuhl*. Niemand auf der Welt ist heilig in meinen Augen, nur Gott. Gott kann ich – neben meinen leiblichen Vater – als Vater bezeichnen, niemanden sonst. Franziskus ist nicht mein Vater und er ist in meinen Augen auch nicht heilig, auch wenn er dem heiligmäßigen Leben vielleicht nahekommt, aber davon gibt es viele, meist unbekannte Menschen.

Ich weiß, dass die Kirche damit das Papsttum besonders würdigen und liebevoll darstellen möchte. Ich verstehe das auch. Aber was soll ich machen, wenn ich diese Worte nicht spüren kann - lügen?

Worte ohne Inhalt, oder in dem Fall für mich ohne nachempfindbaren Inhalt aussprechen?

Das ist unehrlich, das macht auch keinen Sinn.

Das macht menschliche Beziehungen zu einem Kunstobjekt. Ich möchte lebendige Beziehungen in meiner Kirche haben und erleben, ehrliche und keine gekünzelten. Von letzteren ist die Welt voll genug.

Jesus sagt: *„Bei euch aber soll es nicht so sein, sondern wer bei euch groß sein will, der soll euer Diener sein."* Mk 10,43

In der Kirche geht es um Gott, um Jesus, um den Hl. Geist, um etwas weitaus Höheres und Wichtigeres als das, was man in menschliche Regeln pressen kann.

Ein christlicher Umgang miteinander ist für mich wichtig, mit allen Menschen, gleichermaßen mit dem Bettler auf der Straße wie mit allen Chefs dieser Welt. Nur Gott steht darüber, darunter sind für mich alle gleich. Dass mir das immer gelingt, will ich hier nicht behaupten. Ich glaube, es gelingt niemandem, diesem Prinzip zu 100% treu zu bleiben. Aber ich versuche es immer und immer wieder.

Ich weiß nur eins: Wenn ich irgendwo Chefin wäre, ich würde keine Bevorzugung auf mich hin dulden. So wünschte ich mir auch meine Kirche.

Am Ende des Kapitels „Gleichberechtigung in der Kirche" frage ich mich nun:
Wenn sich auf diesem Gebiet manches ändern würde, wenn meine Wünsche und die vieler anderer Christen auf diesem Gebiet in Erfüllung gingen, würden dann die Kirchen wieder voller?
Wäre dann auf einmal alles wieder gut?
Würde die katholische Kirche an Ansehen gewinnen und würden sich wieder mehr Menschen zu ihr bekennen?

Sagen wir einmal so:
Den Kritikern wäre ein wenig Stoff genommen, und
die Erfahrung solch fortschrittlicher Entscheidungen
würde manchen vielleicht zum Nachdenken bringen.
Ja, ich denke, es würde die Kirche schon ein Stück
weit verändern. Es würde nicht auf der Stelle der
Priester- und Priesterinnenboom ausbrechen. Aber
es wäre ein Anfang, ein Anfang mit Folgen, das
glaube ich ganz bestimmt···

Form und Sprache unserer Gottes-"dienste"

Gottes-"dienst"

Manchmal überlege ich, ob der Begriff: „Gottes-Dienst" wirklich das wiedergibt, was wir da tun···
Gott zu dienen ist völlig in Ordnung, und wenn es jemand verdient hat, dass wir Menschen ihm dienen, dann Gott. Aber ich persönlich empfinde die Feier in der Kirche eigentlich nicht als Dienst, eher als eine Art *Begegnung mit Gott und mit den anderen*, als ein *Glaubenstreffen* oder eine *Glaubensfeier,* als eine *Gottesfeier* oder *Gotteslob,* als eine Form von *Familientreffen*.

Ich *diene* Gott, indem ich seine Gebote halte, indem ich dem Nächsten helfe, Empathie lebe und mich im Alltag christlich verhalte, indem ich eben das tue, was Gott von mir möchte.

Aber wenn ich zu ihm in die Kirche komme – ja, Gott ist überall, aber in der Kirche hat man nun mal den besonderen Bezug zu ihm – dann möchte ich mit ihm Gemeinschaft haben, auf eine tiefere Weise als *auf der Straße*. Ich möchte ihm begegnen im Sakrament der Eucharistie und ich möchte in dieser Stunde, in der ich da bin, ein vertrautes Heimatgefühl bekommen, eine vertraute Beziehung zu ihm und zu den anderen in der Kirche.

Ich empfinde das nicht als *Dienst.*

Auch das Lob Gottes ist für mich kein Dienst,
sondern ein Ausdruck meiner Beziehung zu Gott.

Hinzu kommt: Wir machen heute mit viel Aufwand
den Unterschied zwischen *Wortgottesdienst* (mit-
oder ohne Kommunionempfang) und *Heilige Messe*.
Das Wort *Messe* kommt von dem lateinischen:
mittere, das all das bedeuten kann:
schicken, entlassen, loslassen, gehen lassen,
senden··· und von dem Entlassspruch:
„Ite missa est" – „Geh, es ist Sendung!"
oder „Geh, als Gesendeter".
Es ist also mehr ein *Gesandtsein*. Gott schickt uns in
die Welt, um seine Botschaft weiterzutragen mit
seiner Stärkung im Rücken.
Das wiederum trifft auch auf jeden *Gottesdienst*,
den wir heute so nennen, zu.
Im Alltag sagen wir aber zu jeder Eucharistiefeier:
Hl. Messe, und zu jeder Feier ohne Eucharistie:
Gottesdienst.
Irgendetwas stimmt da nicht···
Nun ist das nicht größte Problem meiner Kirche,
aber es ist interessant, einmal darüber
nachzudenken, sowohl über den Begriff *Gottes-
Dienst*, als auch über die Unterscheidung von
Gottesdienst und *Hl. Messe*.

Kommen wir zu den Inhalten von
Gottesdienst und HI. Messe
„Inszenierung" oder Begegnung?

Da ist er wieder, der „Sarkasmus", der mir beim
Schreiben immer wieder in die Finger fällt. Warum
Inszenierung? Was will ich damit sagen?
Zuerst mal: Ich will <u>nicht</u> damit sagen, dass die
vielen Haupt- und Ehrenamtler es nicht ernst
meinen würden, wenn sie Gottesdienste vorbereiten
und durchführen. Ich weiß, wie viel Arbeit es macht,
ansprechende Texte und wirkungsvolle, zu Herzen
gehende Gottesdienste zu erarbeiten. Das ist nicht
einfach und ich spreche niemandem, weder den
Priestern noch den Laien, ernsthaftes und lauteres
Bemühen ab. Ich werfe niemandem *Showgebaren*
vor.
Ich denke viel mehr, dass wir uns an eine Form von
Messfeiern und Gottesdiensten gewöhnt haben, die
in der heutigen Zeit leicht missverstanden werden
könnte, weil sie für die meisten Menschen an ihrem
Leben vorbeigeht und eher an eine Aufführung,
eben eine *Inszenierung* erinnert.
Vielleicht ist die Nähe zum Theater auch gewollt.
Liturgie, die Gesamtheit und die Ordnung der Riten
im Gottesdienst, wird nicht ohne Grund auch
Heiliges Spiel genannt. Vielleicht ist es ein erprobtes
Mittel für den Menschen, mit Gott in Verbindung zu
treten, weil uns die menschlichen Worte und
Verhaltensweisen zu profan erscheinen.

Trotzdem: Gottesdienst ist kein Theater.
Und genau das ist der Punkt, warum mich das
Thema so interessiert und warum ich es für so
wichtig für meine Überlegungen halte.
Vielleicht sollte ich zunächst die Begriffe
Gottesdienst und Hl. Messe nochmal erklären, auch
wenn sie – wie oben erwähnt – vielleicht mal
überdacht werden sollten:
Von einem Gottesdienst kann man eigentlich immer
dann sprechen, wenn man sich trifft, um gemeinsam
an Gott zu denken, zu beten und zu feiern. Jede
Taufe, jede Andacht, jedes Rosenkranzgebet, jede
Krippenfeier mit kleinen Kindern ist ein Gottesdienst.
In diesem Sinne ist auch eine Hl. Messe ein
Gottesdienst. Sie hat aber noch die Eucharistie zum
Inhalt, das Dran-Denken und Nachfeiern des letzten
Abendmahles Jesu, zu dem Jesus selber aufgerufen
hat. Eine solche Messe kann bislang nur ein
geweihter Priester feiern. Wir glauben, dass durch
die Wandlungsworte des Priesters, die an die Worte
Jesu beim letzten Abendmahl erinnern, eine
Transsubstantiation geschieht. Was bedeutet das?
Ich erhebe hier keinen Anspruch auf Perfektion,
wenn ich versuche, diesen Begriff zu erklären:
Der lateinische Begriff für *Wesensverwandlung*,
bedeutet <u>nicht</u>, dass aus dem Wein und dem Brot
aus Mehl und Wasser, real Blut und Fleisch Jesu im
wörtlichen Sinne werden.
Aber ich glaube daran, dass durch die Wandlung
etwas Besonderes passiert, dass Jesus in diesem Brot

in irgendeiner nicht erklärbaren Form gegenwärtig ist. Die chemische Substanz ändert sich nicht, nur das Wesen. Es ist eben ein *Geheimnis des Glaubens*, wie wir nach jeder Wandlung sprechen.

Kommen wir zurück zum Gottesdienst, der kein *Theater* im weltlichen Sinne sein sollte.
In einem Theater gibt es Akteure und Zuschauer, Darsteller und Konsumenten, aktive und passive Menschen, die einander brauchen. Die einen hätten ohne die anderen keinen Sinn in ihrem Tun.
Als jemand, der bei aller Kritik an Kirche diese liebt, tut es mir manchmal weh zu beobachten, wie nah wir mit unseren Gottesdiensten am Theater sind.
Und da nehme ich mich gar nicht aus. Als jemand, der Gottesdienste vorbereitet und teilweise auch durchführt, weiß ich, wie schnell man bei den Vorüberlegungen am *Theater* ist. Immer hat man das Gefühl, man muss den Gottesdienstbesuchern *etwas bieten*. Und so ganz falsch ist das ja auch nicht, denn gerade gestalterisch gute Gottesdienste führen dazu, dass die Leute wiederkommen.
Aber ich habe für mich das Ziel, dass wir spüren, wie sehr wir eine Gemeinschaft sind.
Manchmal habe ich zu sehr das Gefühl, dass auf der einen Seite die Akteure (Priester, Gottesdienstleiter, Lektoren und Messdiener) und auf der anderen Seite die Zuschauer sitzen.
Das fängt schon mit der Kleidung an.

Kleidung der Priester
(und die damit verbundenen „Zeremonien")

Ich bin, wie schon erwähnt, u.a. Küsterin. Das heißt, ich bereite vor jedem Gottesdienst alles vor, was gebraucht wird.

Dazu gehören Kelch und Schale, dazu gehört Wasser und Wein, dazu gehören Kerzen und Blumen, u.v.m.

Und dazu gehört es von je her, dass man für den Priester das Gewand, das er anzieht, bereitlegt.

Nun ist es nicht so, dass man die entsprechenden Teile heraussucht und aus dem Schrank nimmt, nein, es gibt ein bestimmtes Prinzip, wonach Messgewand, Stola, Albe (weißes Untergewand), Schultertuch und Zingulum (Gürtel) auf einem großen Tisch drapiert werden, damit der Priester, wenn er kommt, möglichst schnell und bequem hineinschlüpfen kann. Etwa so:

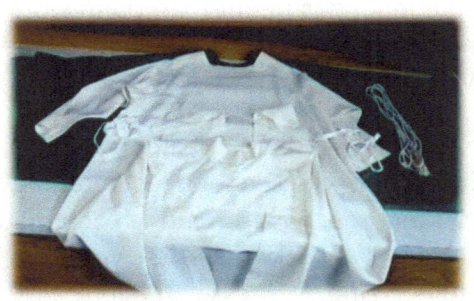

Ganz ehrlich, es gibt Situationen, da ist es von großem Wert, dass alle Kleidungsstücke so der Reihe nach auf dem Tisch liegen, dass es beim Anziehen schnell geht, denn nicht selten hetzen die Geistlichen an den Sonntag Vormittagen von Messe zu Messe an verschiedenen Orten.

Aber von diesen Situationen einmal abgesehen, empfinde ich diese Prozedur – und ich meine es nicht so böse, wie es klingt!!! - herabwürdigend für den Küster.

Und Vorsicht: Ich möchte keinem Priester Absicht unterstellen, dabei habe ich viel zu viele Freunde unter ihnen. Es ist das System, das die Priester seit Jahrhunderten gefangen hält in Klischees, Riten und Vorschriften.

Aber ich habe mich halt gefragt, welchen Sinn ein Zurechtlegen von Kleidung anders haben sollte, als Ehrerbietung vor dem, der sie tragen will? – wenn man mal davon absieht, dass es immer noch Frauen geben soll, die ihren Männern morgens die Kleidung hinlegen – das nennt man dann wohl Liebe, oder ⋯ überlassen wir das der Phantasie der Leser⋯ 😊

Aus welchem Grund wird ein Priester „bedient", als sei er ein König, dem die Diener alles bereitlegen? Priester sind Menschen wie du und ich. Ich glaube nicht, dass sie Gott ähnlicher werden, wenn sie Ihre Aufgabe erfüllen, eine Hl. Messe zu feiern. Vielleicht kommen sie ihm näher, aber sie bleiben Menschen.

Sie stehen nicht über und sicher auch nicht unter mir oder jedem anderen Küster. Christentum kann nur auf gleicher Stufe funktionieren. Jesus hat uns gezeigt, dass es nicht darum geht, wer der Größte unter uns ist, ganz im Gegenteil.

Er selber hat gesagt: *„Wer bei euch groß sein will, der soll euer Diener sein"* – (siehe oben und bei Mk 10,43)

„Super", höre ich mich da gerade sagen, „da ich in der Sakristei die Dienerin bin, bin ich also die Größte."

Nein, ganz sicher nicht. Ich würde es nicht wollen und so hat Jesus es auch sicher nicht gemeint, da bin ich ganz sicher. Jesus wollte keine Klassen, keine Unterschiede in der Wertigkeit von Menschen. Er selbst hat den Jüngern die Füße gewaschen, eine Aufgabe, die in der damaligen Zeit nur Dienern zugeteilt wurde. Er wollte keine Machtkämpfe, er hat sich alle Mühe gegeben, deutlich zu machen, dass alle Menschen gleich wichtig sind.

Dass man sich gegenseitig hilft, steht auf einem anderen Blatt. Aber ich glaube, dass dazu nicht gehört, dass ein Mensch einem anderen die Kleidung auf eine bestimmte gelernte Art und Weise, mit einer bestimmten Faltung auf einem Tisch legt, wenn es nicht nötig ist.

Einmal etwas Lustiges zwischendurch:
Wer von meinen Leser<u>innen</u> kann sich vorstellen, immer nur das anzuziehen, was ein anderer für sie vorgesehen hat? Ich würde doch selber aus dem

Schrank nehmen wollen, was mir gefällt!
Darüber hinaus: Ein Pfarrer hat einmal scherzhaft
gesagt: „Ich weiß, warum Frauen keine Priester
werden können: Sie würden vor dem großen
Schrank mit den vielen Gewändern stehen und
sagen: Ich habe nichts anzuziehen!" 😊

Ich habe ja versprochen, in meinen Abhandlungen
auch immer die versöhnliche Seite zu zeigen.
Ich muss da jetzt mal alle Leser beruhigen, die
denken, alle Priester wären selbstherrlich und ließen
sich bedienen.
Ganz und gar nicht! Der Alltag sieht ganz anders
aus. Die Tradition des Heraus- und Zurechtlegens
der Gewänder empfindet kaum einer der Priester als
eine Bevorzugung und kaum einer von meinen
Kolleginnen und Kollegen als Erniedrigung. Es ist ein
Ritual, das sich etabliert hat, ohne dass dahinter ein
besonderer Gedanke mehr steckt. Einfach gesagt,
alle haben sich daran gewöhnt. Weder fühlt der
Priester sich dadurch als etwas Besseres, noch wird
der Küster oder die Küsterin zur Diener/in
abklassifiziert. Priester sind natürlich durchaus in der
Lage, sich selber die Kleidungsstücke in der Sakristei
zu nehmen und tun dies auch oft genug.
Vielleicht bin ich auch zu kritisch. Das kann sein.
Ich weiß auch, dass es Küster/innen gibt, die das
genau so wollen, wie es üblich ist.
Vielleicht mache ich mir bei allem zu viele
Gedanken. Auch das wird stimmen. Aber vielleicht

ist es wichtig, dass es Menschen gibt, die eingefahrene Strukturen einfach mal hinterfragen, um wachzurütteln, um nachdenklich zu machen, um vielleicht einmal neu zu bewerten, wenn die Zeit sich geändert hat. Und sie hat sich geändert···

Stellen wir doch einmal die grundsätzliche Frage nach der liturgischen Kleidung, immer auf dem Hintergrund des Theaters, das ein Gottesdienst nicht sein soll.

Nicht zu verhindern ist, dass ein Priester in den entsprechenden Gewändern und die Messdiener, die ebenfalls spezielle Kleidung tragen, rein optisch vorne im Raum der Kirche, da wo alle hinsehen, etwas *Besonderes* sind. Das lässt sich nicht verhindern und das muss man wissen, wenn man die liturgische Kleidung - so wie sie ist – befürwortet.

Sie hat auch durchaus ihren Sinn. Die verschiedenen Farben der Gewänder kennzeichnen die verschiedenen Zeiten im liturgischen Jahr. Das ist nicht lebensnotwendig, aber das macht Sinn. Es entspricht unserem Denken und Fühlen auch im Alltag. Denn wir alle tragen zu verschiedenen Anlässen verschiedene Kleidung, sowohl farblich als auch stilistisch.

Auch ich als Küsterin und alle meine Kolleginnen und Kollegen schmücken den Altar sehr unterschiedlich mit Blumen und Tüchern, je nach Situation und Anlass. All das liegt uns Menschen, wir brauchen etwas fürs Auge, wir benutzen unsere

Sinne, wenn möglich alle. Soweit ist alles in Ordnung und passend zum *heiligen Spiel.*
Aber ich kann mich nicht dagegen wehren, dass mir die *Verkleidung* doch immer wieder etwas aufstößt. Ich will versuchen, es zu erklären und meine es nicht böse!

Zunächst einmal:
geht man zurück zu den Anfängen von Kirche, dann war Jesus nicht in prunkvollen Gewändern gehüllt. Wenn ich daran denke, wie wir Kindern versuchen, den Palmsonntag zu erklären, dann ist ein Punkt besonders wichtig, nämlich dass Jesus keinen Prunk wollte, kein Pferd, sondern einen Esel. Diese Haltung zog sich durch sein ganzes Leben. Und diese Haltung predigte er.
„Ich habe euch ein Beispiel gegeben, damit auch ihr so handelt, wie ich an euch gehandelt habe." –
dienen. (Joh 13,15)
Klar, auch ein König, der nach alter Vorstellung in Samt und Seide gehüllt war, konnte seinem Volk dienen. Auch die best angezogensten Menschen der Welt, können sich auf die Fahne geschrieben haben, ihren Mitmenschen zu dienen, zu helfen, gerade mit ihrem Reichtum.
„Es kommt nicht auf das Äußere an", wie oft sagen wir das, ja, wie oft predigen wir das? Das ist alles nicht das, was ich meine.
Durch das Gewand des Priesters hebt er sich von dem Rest der Gemeinde optisch ab. Das mag

erklärbar sein durch die Aufgabe, die der Priester einnimmt, durch das Erinnern an Jesus···

Genau, durch das Erinnern an Jesus···

So gesehen müsste der Priester in einfachster Kleidung am Altar stehen, um es mit heutigen Maßstäben zu sagen: Seine Kleidung dürfte noch nicht einmal Markennamen haben.

Ich weiß, damit schütte ich gerade *das Kind mit dem Bade aus*. Und das ist auch nicht das, was ich favorisiere. Ich weiß auch, dass nicht alle meiner Meinung sind, dass für viele die Kleidung der Priester einfach zum Gottesdienst dazugehört. Und ich missachte diese Meinung nicht. Aber auch eine solche Übertreibung, eine solche Zuspitzung, wie ich sie gerade versuche, hilft manchmal, auf den eigentlichen Punkt zu kommen.

In Zeiten der Romantik, der Gotik, des Barocks, in den Zeiten, in denen Kirchen prunkvoll und auf bewundernswerte Weise zur höheren Ehre Gottes gebaut wurden, da war das alles stimmig. Da hat man verstanden, da lebte man in diesen Hierarchien. Aber ist es heute noch stimmig?

Warum müssen Männer in langen Gewändern laufen, nur weil es ein Relikt aus früheren Zeiten ist. Wir leben heute!

Ganz besonders stört mich persönlich die Kleidung von Bischöfen und Kardinälen, die manchmal auch im Alltag in Soutanen gekleidet sind. Die langen *Kleider*, die entsprechenden Kopfbedeckungen (Entschuldigung, für mich auch die des Bischofs) sind alles andere als zeitgemäß und führen dazu,

dass sie sicher auch bei vielen Menschen heute als „wunderlich" betrachtet werden.
Das finde ich traurig für sie.
Warum tun erwachsenen Männer sich das an?
Warum steigen sie in meiner Kirche, für meine Kirche in Kleider? Warum - frage ich mich – muss das sein? Ich frage mich das wirklich. Wenn ich wirklich verstehen könnte, warum, wäre mein Eindruck vielleicht anders.

Hinzu kommt für mich:
Ich kenne eine Menge Priester auch privat, und wenn diese dann im Bistumsdienst *aufsteigen* und lila tragen dürfen, dann begegnen mir auf einmal Menschen, die mir zwar vertraut sind, mit denen ich auch im Privatleben Kontakt habe, mit denen ich über Fußball und Supermarktpreise reden kann, in einem antiquierten Gewand.
Mich macht das so traurig. Ich krieg das nicht übereinander. Ich gebe zu, mir fehlt auch der Wille, das gut zu heißen. Und ich kann mich des Eindrucks nicht erwehren, dass sie mit dem *Gewand* einen anderen Menschen anlegen, einen ferneren, unnahbareren, einen *wichtigeren* und einen *besseren*, ich denke sogar, ohne es zu beabsichtigen, aber sicher keinen, der mir Gott oder Jesus näherbringt. Ich will niemandem unterstellen, dass er sich bewusst abheben will, aber es kommt bei mir so an···
Und dieser Eindruck macht mir Angst. Er schüchtert mich ein und lässt mich klein erscheinen. Dieses

Gefühl mag ich nicht. Ich glaube, niemand mag es, und Kirche sollte es nicht transportieren.
Besondere Kleidung der Geistlichen zumindest im Alltag grenzt ab. Ich weiß, dass es auch das Argument gibt, dass es durchaus einen Sinn machen kann, wenn beispielsweise in der U-Bahn einer größeren Stadt ein Priester erkenntlich ist, weil vielleicht der eine oder andere den Mut aufbringt, ihn anzusprechen und ihm seine momentanen Probleme zu erzählen. Das wäre in der Tat ein Vorteil, den ich nicht leugnen kann. Da habe ich dann auch keine Gegenargumente. Ich glaube aber, dass insgesamt der *schädliche* Eindruck größer ist, als der nützliche. Ich glaube, dass es den heute mehr als früher verbreiteten Eindruck, Priester wären weltfremd (den ich nicht teile!) nur noch unterstreicht.

Ich weiß, dass ich gerade so manchem ganz und gar nicht aus dem Herzen spreche, denn für viele ist die Kleidung der Priester im Gottesdienst sehr wichtig, und sie erfreuen sich an einem schönen Messgewand. Auch mag so mancher die priesterliche Kleidung im Alltag, zumindest den Priesterkragen, schön finden.
Ich spreche hier nur für mich, mit *meiner* Vergangenheit und *meinen* Erfahrungen. Meine Meinung ist nicht die Meinung aller, und das muss sie auch nicht sein. Für mich gehört das Thema aber dazu, wenn ich über Kirche nachdenke. Eine abschließende Antwort habe ich nicht, sagen wir,

eine Vorliebe und den Wunsch, dass darüber nachgedacht wird, über das, was priesterliche Kleidung aussagt und wie sie wirkt. Ich kann nur sagen, welche Eindrücke ich persönlich habe und die sind natürlich persönlich geprägt. Mich erinnert eben die priesterliche Erscheinung wie schwarze Kleidung, Collarhemd und Soutane an die alte Kirche von früher, an die, die Gott auch als den strafenden Gott predigte, die sich ihrer Macht vielleicht auch bewusst war, mit der sie die Menschen u.U. ungewollt bevormundete und die mir Angst machte, auch wenn das alles heute nicht mehr so ist.

Diese Gefühle sind nicht so elitär bei mir, wie man vielleicht denken könnte.

Es gibt mittlerweile immer mehr Ärzte, die bewusst keinen weißen Kittel mehr tragen, weil sie spüren, dass das abhebt und Angst machen kann.

Immer dann, wenn Berufskleidung eine Hierarchie zwischen zwei Menschen deutlich macht, ist sie nach meinem Empfinden riskant.

Oder sie ist beabsichtig, wie es wahrscheinlich bei den Richtern der Fall ist. Ihre Aufgabe ist es, die Macht der Gesetze zu verkörpern. Da wird das Machtgefälle optisch deutlich. Aber auch das könnte für mich in einem ordentlichen Anzug geschehen. Nur zwischen Priestern und Gemeindemitgliedern gibt es für mich kein Machtgefälle.

Mein persönlicher Vorschlag, ach was, ich kann nichts vorschlagen, mein *Wunsch* wäre, Priester wären gekleidet *wie du und ich*.
Im Alltag sowieso, aber auch in den Gottesdiensten. Es dürfte in meiner Vorstellung im Gottesdienst schon eine Kennzeichnung geben, aber da würde für mich eine Stola über einem ordentlichen Anzug reichen. Das könnte als Zeichen genügen, als Zeichen für das Besondere, das in jedem Gottesdienst geschieht, für die Gegenwart Gottes, die zwar nicht in dem Priester aber durch seinen Dienst gegenwärtig wird.

Ich weiß, das grenzt an Minimalismus, ich bin mir auch selber nicht ganz sicher···
Denn bei jedem großen Gottesdienst, sowohl in den Gemeinden vor Ort, als auch in großen Festmessen, die im Fernsehen übertagen werden, kommt gerade durch die schmuckvollen Gewänder zugegebenermaßen eine große Feierlichkeit rüber, aber dadurch wird eben auch diese Abgrenzung der Priester gegenüber der Gemeinde deutlich. Es entsteht ein Schauspiel, das dem eigentlichen Hintergrund des Geschehens und damit Gott nach meinem Gefühl nicht entspricht. Natürlich kann man das als besondere Ehre Gott gegenüber interpretieren, aber dieser gute Wille kehrt m.E. ins Gegenteil um dadurch, dass sich *Menschen* verkleiden··· einige wenige im Vergleich zu sieben Milliarden auf dieser Erde.

Franziskus hat da was verstanden, auch wenn er nicht ganz auf die Messgewänder verzichten kann und sicher auch nicht will. Aber gerade seine einfache Erscheinung macht ihn glaubwürdig der Nachfolge Jesu entsprechend. Ich brauche ihn zwar nicht in einem weißen Gewand, aber es ist ein sehr einfaches.

Ich denke, Priester müssen vor allem eins: sich nicht abgrenzen von anderen. Die meisten tun dies auch im Alltag nicht, aber sobald sie sich *verkleiden* schlüpfen sie in eine Art *Theaterfigur*, die dann doch abgrenzt.

Sie *spielen* ihre Rolle, sie haben sie gut gelernt. Und das meine ich nicht abwertend! Mancher ist darin begnadet, kann die Menschen begeistern, hat eine liebevolle Sprache, weiß die Worte gut zu wählen und bringt den Menschen Gottes Liebe und Gegenwart unter uns in dieser Stunde Gottesdienst ein Stück näher – ideal, aber doch nicht, weil er verkleidet ist! Das entfernt ihn eher von allen anderen. Das macht den Altarraum zur Bühne und das ist für mein Empfinden nicht das, was Gott verdient hat. Ich wünsche mir, dass Gott real, in meinem Alltag, in meinen Ängsten und in meinen Freuden gegenwärtig ist, und nicht auf einer fernen Bühne, die ich als *Zuschauer*, als Gast nicht betreten darf. Nicht umsonst hat man den Hochaltar als Zelebrationsort abgeschafft, nicht umsonst sind in vielen Kirchen die Altäre näher an die Gemeinden gerückt worden, manche sogar mitten hinein in den Raum. Das zeigt, dass Kirche verstanden hat, dass

Gott ein *Gott mit uns* und *unter uns* sein will und kein Ferner, Unnahbarer.

Noch heute haben ältere Menschen Respekt davor, den Altarraum zu betreten, weil ihnen die Distanz beigebracht wurde, die Angst, sie wären nicht würdig genug. Ist der Priester würdiger?

Wenn wir Gott in unsere Mitte holen wollen, dann brauchen wir keine *Schauspieler und Zuschauer*, dann brauchen wir ein Miteinander, eine Gemeinschaft, die trägt, eine Gemeinschaft, die Gott erlebbar macht, die echt ist, wo alle gleich sind, wo nicht einer *gleicher* ist.

Es ist doch genau das, was wir in Gruppengottesdiensten in Ferienlagern oder bei Erwachsenenveranstaltungen erleben; den Priester als einen von uns, als Gleicher unter Gleichen. Die Stola deutet hin auf seinen Auftrag, den er für Gott und für die Menschen erfüllt, das reicht. Und das ist echt.

Ich bin ja selber nicht zufrieden damit, dass ich hier eine jahrhundertealte Tradition in Frage stelle, und ich merke ja selber, wie schön ich manche Messgewänder finde, und wie stolz die kleinen Messdiener sind, wenn sie das erste Mal ihr Gewand anziehen dürfen.

Darum möchte ich meinen Kritiken eine andere Richtung geben:

Vielleicht sollte man die liturgische Kleidung einfach nur aktualisieren, eben *ins Heute holen*.

Männer tragen in Europa keine Kleider, das ist in anderen Kontinenten anders, aber hier ist es so.

Vielleicht ist es einmal spannend und interessant, über eine neue feierliche Kleidung der Priester nachzudenken. Ich habe da noch keine Idee, aber mir kommt auch die Szene vom letzten Abendmahl in den Sinn, in der uns berichtet wird, dass Jesus ein Obergewand trug, das er extra für die Fußwaschung abnahm (vgl. Joh 13,4)

Auch er lebte also die Feierlichkeit, indem er ein *Obergewand* trug, und vielleicht waren auch seine Jünger besonders gekleidet, so wie die Menschen teilweise bis heute in den Gottesdiensten eine Art *Sonntagskleidung* tragen.

Eigentlich möchte ich nichts anderes als anstoßen zum Nachdenken und jedem Priester sagen: „Seid mir nicht böse". Aber es geht immer was⋯

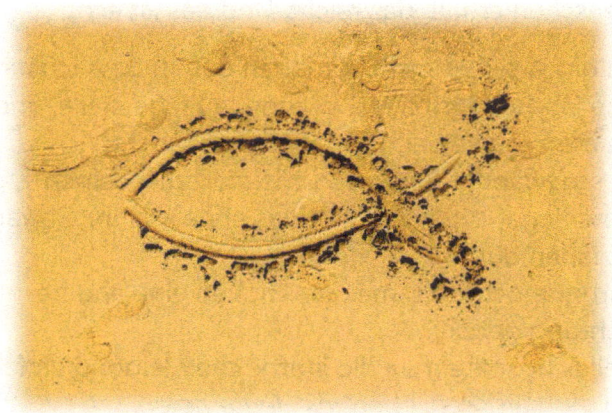

Die Sprache

Ein ganz großes Thema in diesem Bereich ist die Sprache in unseren Gottesdiensten.
Gerne möchte ich konkret ein paar Beispiele nennen aus unseren alltäglichen Gottesdiensten, aus den liturgischen Texten und aus den Liedern.

Auch hier – auch auf die Gefahr hin, dass ich meine Leser nerve, möchte ich eins vorweg sagen:
Ich achte jede alte Formulierung als das Ergebnis langer Überlegungen, als den Versuch, Gottes Liebe und Größe in unserer Welt literarisch deutlich zu machen. Jeder Autor, sei es von Kirchenliedern, sei es von liturgischen Formeln, hat – so wie ich mir bei diesem Buch Gedanken gemacht habe - seine Gefühle versucht, in Worte zu fassen, hat sich mit vielleicht anderen beraten und ausgetauscht, hat versucht, möglichst intensiv Gott in diese Welt zu holen.
Ich habe großen Respekt davor und ich möchte nicht, dass der Eindruck entsteht, ich würde die Arbeit und die Gedanken der damaligen Schriftsteller und Liedermacher geringschätzen. Sie alle haben sich etwas bei den Texten gedacht und haben Vieles zur höheren Ehre Gottes geschrieben.
Ich verneige mich davor – und das ist keine Ironie!
Ihre Texte waren für ihre damalige Zeit von großem Wert und sie haben bis heute geschichtliche Bedeutung. Ich will nicht den Eindruck erwecken, dass ich mich über irgendeinen Text abwertend äußere oder mich gar lustig mache.

Dies ist mir extrem wichtig, denn es kann passieren, dass man beim Lesen der *Kritiken*, die ich an manche Texte habe, das Gefühl hat, ich würde sie zerreißen. Das ist nicht meine Absicht. Mir geht es nur um die Aktualität, bzw. die nicht mehr existierende Aktualität bei manchen Texten. Eine Oper – wie schon erwähnt - hat auch bisweilen eine Sprache, die im Heute nicht mehr vorkommt, dennoch ist sie kulturell extrem wertvoll und wichtig. Der Unterschied ist nur – auch davon habe ich bereits gesprochen - dass man in die Oper geht, um unterhalten zu werden. In der Kirche ist man selber ein Teil des *liturgischen Spiels*, und ganz sicher nicht nur Zuschauer. Die Aufgabe der Gottesdienst-besucher beschränkt sich nicht auf den Applaus. Das alles bitte ich beim Lesen des folgenden Artikels zu bedenken, denn mir ist es wichtig, niemandem weh zu tun.

Aber mir tut es weh, wenn Menschen aus Gehorsam, aus Gewohnheit oder aus Pflichtbewusstsein Texte sprechen oder singen, die sie eigentlich gar nicht bejahen.

Ich habe am Anfang dieses Buches geschrieben, dass ich keine wissenschaftliche Abhandlung schreiben möchte, eher emotionale und auf Erfahrungen gegründete Gedanken aufschreiben will. So bitte ich meine Leser auch alle meine Kritiken zu verstehen. Was mich belastet ist die unreflektierte Wiedergabe der Texte im 21. Jahrhundert ohne darüber nachzudenken, ob die

Worte heute noch genauso verstanden werden, wie damals. Viele, wohl die meisten Menschen in den Gottesdiensten haben nicht den Wissenshintergrund der Theologen und können so manchen Text nicht aus seiner Zeit oder seinem Zusammenhang interpretieren. Das führt zu einem unwissenden Nachbeten oder Nachsingen von Texten, die nicht verstanden werden. Ich halte das für riskant, denn der Glaube berührt uns in unserem tiefen Inneren. Ich verstehe auf der anderen Seite, dass man lieb gewordene Lieder immer wieder singen möchte. Das ist wie bei den Weihnachtsliedern, die auch an manchen Stellen eher kitschig klingen, aber sie sind einfach schön, weil sie an die Kindheit, an die Heimat, an schöne Zeiten erinnern. Ich verstehe, dass das auch bei manchen Kirchenliedern der Fall ist. Und ich mache mich über niemanden lustig, der die Lieder mitsingt. Dennoch habe ich Bauchschmerzen damit, wenn man unbedacht Texte wiedergibt, die heute nicht mehr unbedingt das aussagen, was sie einmal sollten.

Das Gebetsanliegen von Papst Franziskus im Dezember 2018 war hierzu interessant:

„Dass alle, die das Evangelium verkündigen, eine Sprache finden, die den unterschiedlichen Menschen und Kulturen gerecht wird."

(https://www.popesprayer.net/wp-content/uploads/2016/01/German-2018-def-temi.pdf)

Ja, da ist mehr mit gemeint, als nur eine aktuelle Sprache im Gottesdienst. Aber ein bisschen kann man es auch so sehen···

··· in den liturgischen Texten:

Ja, es hat sich Vieles verändert seit dem 2. Vatikanischen Konzil. Das ist jetzt aber auch schon über 50 Jahre her. In dieser Zeit hat die Gesellschaft sich schon mehrmals verändert.
Meine Kirche tut sich da sehr schwer··· leider.
Mir tut das wirklich leid.
Denn ich glaube, dass diese Unbeweglichkeit mit ein Grund dafür ist, dass so viele Menschen die Kirche nicht mehr verstehen und ihr den Rücken zukehren.
Ich selber habe in den 70er Jahren, nachdem das 2. Vat. Konzil langsam in den Gemeinden ankam, mit einer Gruppe junger Leute aus unserer Gemeinde die Sprache in den Gottesdiensten „entstaubt".
Wir haben moderne zeitnahe Texte gefunden und formuliert, wir haben moderne Lieder in die Gottesdienste eingebaut. Es herrschte in der Kirche eine unaufgeregte Dynamik.
„Die Sache Jesu braucht Begeisterte" [13], dieses Lied war Motto für unser Handeln, und wir *durften* handeln! Damals war das revolutionär, und wir und viele andere in der damaligen Zeit haben eine Grundlage gelegt für neue Formen in der Kirche, die die Menschen ansprachen. Es war ein Durchbruch - auch in der Hierarchie.
Denn nicht mehr nur die Priester, sondern auch wir Laien durften aktiv an der Gestaltung der Gottesdienste mitwirken. Ich bin unglaublich dankbar, dass ich diese Zeit erleben und mitgestalten durfte.

Aber es macht mir große Sorgen, dass sich seit den 1970er Jahren nicht mehr allzu viel getan hat···
Noch immer gibt es die *Frontalunterrichts-Messfeier*. Diese Art von Unterricht wurde mir schon als Referendarin für die Grundschule vor 35 Jahre als falsch verkauft, ja nahezu verboten. Mich erinnert unsere Art von alltäglichen Gottesdiensten sehr an diese Unterrichtsform. Interaktion geschieht so gut wie nicht. Antworten der Gemeinden sind auswendig gelernt und werden häufig unüberlegt *abgespult*.

Am meisten fällt mir dabei die Antwort **„und mit deinem Geiste"** (aus der kath. Liturgie) unangenehm auf, weil es eine Sprache ist, die außerhalb der Erfahrungswelt der Menschen liegt. Niemand sagt im täglichen Leben: „Und mit deinem Geiste". Ich lese bei *https://www.herder.de/gd/lexikon/gruss/*, was hinter dieser Formulierung steckt:

„Bei der Übersetzung des Römischen Messbuchs in die deutsche Sprache ist über den richtigen und bestmöglichen Ausdruck für das lateinische „Et cum spiritu tuo" unter Fachleuten sehr ausführlich beraten worden. Dabei blieb man bei der exakten Übersetzung des lateinischen Textes „Und mit deinem Geiste". (In der Evangelischen Kirche heißt es in der erneuerten Agende „Und auch mit dir".) Dafür gibt es einen Grund, der sich bei einer genauen Betrachtung dessen, was damit gemeint ist, erschließt. Die Antwort der Gemeinde auf den Gruß

des Priesters oder Diakons bezieht sich auf die in der Ordination geschenkte Geistgabe, die zum Vorsteherdienst ermächtigt. Aufgrund dieser Geistgabe kann der Diakon und der Priester der Gemeinde zurufen:

„Der Herr sei mit euch." Dieser Ruf ist gleichzeitig eine Feststellung und ein Wunsch; der Diakon und der Priester können ihn der Gemeinde nicht aus eigener Kraft zusprechen, sondern weil ihnen in ihrer Weihe die Vollmacht dazu als Gabe des Geistes verliehen wurde. Das also ist der „Geist", den die Gemeinde mit ihrer Antwort bejaht und bezeugt. Damit anerkennt sie den besonderen Dienst, den der Diakon und der Priester in der liturgischen Feier ausüben."

Wieder sind wir an dem Punkt, an dem der Priester zu einem *Übermenschen* gemacht wird. Es wird ihm quasi vorgeschrieben, sich von der Gemeinde abzusetzen – würden die Menschen in den Gottesdiensten diesen Gruß verstehen, was mindestens 95% nicht tun – würden Sie spüren, wie sehr die Kirche, Ihre Kirche, sie trennt von ihren Priestern.

Mich macht das so traurig, für die Gemeinden und für die Priester. Ich kann diesen Gruß seit mittlerweile über 20 Jahren nicht mehr mitsprechen. Ich möchte nicht mehr auswendig gelernte Sätze oder auch Liedtexte (zu dem Thema komme ich noch) ohne nachzudenken mitbeten oder mitsingen, ohne mir darüber Gedanken zu machen. Und wenn ich hinter einem Wort nicht stehe, dann sage ich es auch nicht.

Mir tut es weh, wenn ich höre, wie oft das in jeder Messe geschieht. Denn viele Worte in der Liturgie haben für die Menschen von heute nicht mehr die ursprüngliche Bedeutung und werden nicht mehr verstanden.

Hier noch ein paar vorsichtige Versuche als Ersatz für „Der Herr sei mit Euch – und mit deinem Geiste":

Gott ist jetzt bei uns. – Das glaube ich.

Wir kommen zu Gott. – Er ist bei uns.

Gott, sei du jetzt bei uns. – Wir sind hier bei dir.

Ganz besonders stark fällt mir das asynchrone Verhalten in unseren Gottesdiensten dann auf, wenn die *Akklamationen* gesungen werden, gemeint sind vor allem die einleitenden Worte vor dem Evangelium und die Aufforderungen vor den Gebeten. Die Melodien dieser Gesänge empfinde ich persönlich als sehr eintönig, und – für meinen Geschmack – alles andere als feierlich, was Sie eigentlich sein sollen. Wenn im Alltag Menschen so miteinander kommunizierten, wäre das unnatürlich. Dass das in der Kirche normal ist, zumindest immer mal wieder praktiziert wird, finde ich traurig, weil so gekünzelt und irgendwie weltfern. Es birgt für mich in keinster Weise eine Feierlichkeit, sondern eher eine alte unverständliche Melodie, die so wenig dynamisch ist, dass für mich die Zeit droht stillzustehen – mein Empfinden.

Wir haben uns zu sehr an all das gewöhnt. Und weil wir von Kindesbeinen an gelernt haben, der Kirche nicht zu widersprechen, bleibt das, was nicht mehr zeitgemäß ist, in unserer Zeit kleben, wie ein altes Kaugummi, ausgekaut, geschmacksfrei, leer.
Kirche ist aber viel zu wertvoll, als sich mit einem alten Kaugummi vergleichen lassen zu müssen.

Besonders vorsichtig sollte man – meines Erachtens – mit dem Wort **„Opfer"** in den liturgischen Texten, Liedern und Gebeten umgehen.
Vor allem in den Hochgebeten fällt das Wort immer wieder, theologisch sicher korrekt, aber in dem Verständnis der Menschen heute nicht mehr eindeutig.

Im 1. Hochgebet:
*„Nimm diese heiligen, makellosen **Opfergaben** an."* [14]
Im 3. Hochgebet:
*„Bis ans Ende der Zeiten versammelst du dir ein Volk, damit deinem Namen das reine **Opfer** dargebracht werde vom Aufgang der Sonne bis zum Untergang"* [15]
Im 4. Hochgebet:
*„So bringen wir dir seinen Leib und sein Blut dar, das **Opfer**, das dir wohlgefällt···"* [16]

Es gibt noch viele Beispiele mehr, aber ich möchte nicht allzu sehr in den gut überlegten und durchdachten Texten *wühlen*.

Ich möchte mit den drei Beispielen nur versuchen zu erklären, was ich dabei empfinde.

Hier kommen mir Bilder in den Kopf, die ich nicht möchte. Ich sehe Opferaltäre aus vergangenen Zeiten, auf denen Tiere gefesselt und verbrannt wurden. Die Menschen glaubten, damit einen Gott gnädig zu stimmen. Wir kennen diese Praktiken noch aus dem Alten Testament. Wir lesen dort aber auch, dass Gott selber keine Brandopfer wollte.

Zu meinem Gottesbild passt es nicht, dass er sich an Rauchopfern erfreut. Er hätte nichts davon, es gäbe nur Leid und Elend der Opfer, und das will *mein* Gott nicht.

Ja, ich weiß, dass der Opfergedanke spätestens seit Christus eine neue Dimension bekommen hat. Aber ich glaube, dass die Kirche mit solchen Formulierungen den Fehler macht zu glauben, dass die Menschen in dem Moment des Hörens die ganze Tragweite des Wortes *Opfer* erkennen. Ich glaube eher, dass genau diese Bilder in den meisten Köpfen entstehen, wie ich sie eben geschildert habe. Und das ist schlimm.

Gott ist nicht darauf angewiesen, dass „seinem Namen das reine Opfer dargebracht wird" (s.o.), und „ein Opfer, das Gott wohlgefällt" (s.o.), im Sinne von *freut*, oder *gut tut* kann es in meiner Vorstellung nicht geben.

Auch wenn im 4. Hochgebet, das Opfer seines eigenen Sohnes gemeint ist, kann es ihm dennoch nicht *wohl gefallen*. Es war grausam. Das, was Jesus erlitten hat, war menschenunwürdig und einfach nur schrecklich. Es gibt nichts Gutes an der Art seines Todes.

Das, was ich jetzt beschrieben habe, ist sicher nur *ein* kleiner Gedanke zum Thema *Opfer*, er ist sehr persönlich und unwissenschaftlich, aber er ist in meinem ganz *normalen Kirchgänger-Kopf.* Entweder überhört man diese Texte, weil man sie schon zu oft gehört hat und nicht mehr aufnehmen kann, oder man ist ganz bewusst aufmerksam und muss unwillkürlich solche Opferbilder im Kopf haben, die nicht gewollt sein können. Man kann nicht für alle Zeiten die gleichen Bilder benutzen. Und ich glaube, es wird Zeit, dass einige Bilder erneuert werden, um der wichtigen Botschaft unseres Glaubens gerecht zu werden, um Gott und Jesus gerecht zu werden.

Einen weiteren Punkt möchte ich herausgreifen, der auch mit Bildern im Kopf zu tun hat:
die letzten Worte in den Präfationen, die das Heilig-Lied ankündigen.
So steht in der Sonntagspräfation V:
„Darum singen wir mit allen Engeln und Erzengeln, allen Thronen und Mächten, mit all den Scharen des himmlischen Heeres den Hochgesang von deiner göttlichen Herrlichkeit" [17]

Im 4. Hochgebet steht:
„Vor dir stehen die Scharen der Engel und schauen dein Angesicht. Sie dienen dir Tag und Nacht, nie endet ihr Lobgesang." [18]

Die Maler vergangener Jahrhunderte haben uns dazu Bilder gemalt, die aus ihrer Zeit wunderschön sind. Aber das ist heute einfach nicht mehr vorzustellen.

Singen da wirklich irgendwo im Himmel, wo auch immer er ist, Engel, Wesen des Himmels, die in sich auch noch eine Hierarchie haben, zusammen mit all den Menschen, die verschiedene Päpste in verschiedenen Zeiten zu Heiligen erklärt haben, zusammen vor Gott ein Lied? Wenn dieser Lobgesang nie endet, Tag und Nacht erschallt, dann ist das nicht schön für Gott.

An dieser Stelle mag manch einer schmunzeln ob der kindlichen Vorstellung, die ich hier transportiere. Aber mal ehrlich: Diese Bilder sind doch da, oder? Wer sind beispielsweise die „Scharen des himmlischen Heeres"? (s.o.) Welche „Throne und Mächte" (s.o.) singen Gott ein Lob? Leider kaum noch jemand.

Ich bitte jeden um Verzeihung, der denkt, dass das relativ naiv ist, was ich schreibe, oder ich würde das Ganze ins Lächerliche ziehen. Das tue ich nicht, ich will nichts lächerlich machen. Aber so steht es da, und so beten wir. So genau. Es ist wie eine Kunstsprache, ja, aber wenn sie weiter nichts ist, ist sie unehrlich, und das fände ich sehr, sehr schade.

Das waren jetzt zwei extreme Beispiele, die auch leicht zu beschreiben sind. Aber auch in den alltäglichen Texten von Tages-, Gaben- und Schlussgebet gibt es Formulierungen, die man nicht mehr wirklich hört, weil sie nicht die alltägliche Sprache sprechen und sie nicht vom Heute erzählen. Das tut mir leid, weil ich denke, dass Gott das nicht verdient hat. Im Übrigen haben das auch die Texte nicht verdient.

Wir benutzen Gebete viel zu viele Jahre in unseren Kirchen. Wir brauchen eine neue Sprache in unseren Gottesdiensten! Sie muss nicht ohne Bilder sein, aber es müssen Bilder von heute sein.

Die Menschen von heute müssen sie verstehen und sie eindeutig zuordnen können. Wir brauchen Texte, die uns berühren, die uns die Liebe Gottes nahebringen, uns Vertrauen vermitteln.

Es ist nicht so, dass das die momentanen Texte so gar nicht könnten. Aber wir müssen aufmerksam bleiben. Auch Worte können Menschen vertreiben. Und wenn die Sprache in der Kirche dazu führt, dass Menschen fernbleiben, weil sie sich nicht mehr angesprochen fühlen, dann ist das ein Alarmsignal, das wir nicht überhören dürfen.

Latein

An dieser Stelle möchte ich einmal kurz auf das Thema *lateinische Sprache im Gottesdienst* kommen.

Lange Zeit war es die Sprache der Kirche. Und erst in den 1960er Jahren wurde sie im Rahmen der Umsetzung der Ergebnisse des 2. Vat. Konzils durch die Landessprachen weitestgehend ersetzt.

Ich bin 1966 zur Kommunion gegangen und kenne den lateinischen Ritus nicht mehr. Dennoch sitzt bei diesem Thema etwas ganz tief in mir, was mir Angst macht. Ich verbinde rein emotional die lateinische Sprache in den Gottesdiensten mit der „alten Kirche", die ich oben beschrieben habe. Für mich ist sie Sinnbild für Macht, Herrschen, Unterdrückung und leider auch Gottesferne.

Und das, obwohl es doch einmal die Sprache aller sein sollte, so zumindest ist das bis heute das Argument der Kirche. Ich frage mich aber: Wer kann wirklich Latein? Ich habe das *große Latinum*, aber ich verstehe kaum etwas. Und wer konnte früher Latein? Latein war immer schon eher für die *höher Stehenden*, die abgrenzte und es ist für meine Begriffe eine tote Sprache, also alles andere als dazu geeignet, eine so lebendige Sache wie den Glauben zu beschreiben. Wenn es die Absicht der Kirche ist, eine gemeinsame Sprache für alle Menschen zu sprechen, was ich verstehe, dann wäre das heutzutage englisch oder spanisch. Das können die meisten Menschen auf der Welt.

Es tut mir leid, aber ich empfinde es so: Latein hielt und hält dumm und untermauerte bewusst oder unbewusst das Machtsystem der Kirche, das endlich aufbröckelt, wenn auch nur Körnchen weise.

Latein ist – für mich - out, um es mal ganz platt zu sagen. Die Zeiten, in denen man als Gottesdienstbesucher nicht wissen konnte (durfte?), was *da vorne* geschieht, sind vorbei.

Mir macht Latein Angst, und ich sehe nicht, dass das therapiebedürftig ist. Es hat Gründe, für die ich nichts kann.

Ich kann aber bei aller Kritik nachvollziehen, dass es Menschen gibt, die sich ab und zu noch einmal eine lateinische Messe wünschen. Ich kann es ehrlich nachvollziehen, weil das Erinnerungen weckt, vielleicht an die Kinderzeit. Es war für manche Menschen eine lange Zeit, die sie in der Kirche mit der lateinischen Sprache verbracht haben. Das weckt Vertrautes. Ich kann das verstehen. Aber ich befürchte, dass das dann doch eher an die schon mehrfach erwähnte Oper erinnert, die man genießen kann, die einen begeistern kann, die beeindrucken kann, in der man aber nicht aktiv beteiligt ist. Dennoch kann ich es verstehen, wenn man für diejenigen, die sich in diesem Ritus zu Hause fühlen, ab und an eine lateinische Messe feiert.

Aber es darf - bitte - nie wieder Standard werden!

Leben muss in die Kirchen, in die Gottesdienste, in die Sprache:

Aggiornamento!!!

··· in den Liedern

Ich werde nur einige Lieder besonders erwähnen, und hoffe, dass mir die Autoren im Jenseits nicht böse sind, vor allem sollen sie nicht traurig sein, denn sie waren Künstler ihrer Zeit mit einem tiefen Glauben, der bewundernswert ist – auch auf die Gefahr hin, dass ich mich wiederhole.
Ich möchte meinen Anmerkungen zu den Liedern im **aktuellen Gotteslob** (siehe Literaturverzeichnis) Überschriften geben.

Da sind zum einen die Texte, die ich persönlich <u>aus heutiger Sicht</u> für **fragwürdig** halte:

485 – *„O Jesu Christe, wahres Licht"*
(Text: Johann Heermann1630/AÖL1971/Musik: Nürnberg 1676/1854)
Hier heißt es in der 1. Strophe:
„···erleuchte, die dich kennen nicht, und bringe sie zu deiner Herd, dass ihre Seel auch selig wird."

Ich kann mir bei unserem gütigen, liebenden Gott nicht vorstellen, dass er Menschen, die ihn im Leben nicht kennengelernt haben, für immer ausstoßen wird.

395 – *„Den Herren will ich loben"*
(Text: Maria Luise Thurmair [1954/1971] 1967/1972 nach Lk 1, 46-55 ; Musik: Melchior Teschner [1613] 1614)
Str. 2: „··· die Reichen müssen gehen, ihr Gut verweht im Wind."

Natürlich weiß ich, was damit gemeint ist.
Aber wie die *Reichen und Superreichen* leben und
welche Beziehung Gott zu ihnen hat und sie zu ihm,
haben wir nicht zu entscheiden und nicht zu
beurteilen. Reich sein ist doch nicht grundsätzlich
schlecht, und wer sind wir, dass wir darüber urteilen?
Aber jeder *Reiche*, der in der Kirche ein zu Hause
finden möchte, wird so erst einmal ausgestoßen,
weil eben kaum einer hingeht und die Texte
zunächst interpretiert. Sie wirken, wie gehört.
Das ist mir einfach zu allgemein und es tut mir weh
für die Reicheren dieser Welt.

227 – *„Komm, du Heiland aller Welt"*
(Text: nach Ambrosius von Mailand (339-397), „veni redemptor
gentium", Ü: Markus Jenny 1971; Musik: Einsiedeln, 12. Jhd.
/Martin Luther 1524)
*Str.2: „Nicht nach eines Menschen Sinn, sondern
durch des Geistes Hauch kommt das Wort in unser
Fleisch···"*

Was wäre so schlimm daran, wenn Jesus in Liebe
von zwei Menschen gezeugt worden wäre? Gott
hätte in seiner Allmacht doch trotzdem aus der
Frucht dieser Liebe seinen Sohn, sich selber wachsen
lassen können. Ob mit Hl. Geist oder ohne, für mich
ist Jesus Gottes Sohn. Das ist das Entscheidende.
Warum legt die Kirche so viel Wert auf die
ungeschlechtliche Empfängnis.
Für Gott ist nichts unmöglich. Ja, auch das nicht,
aber warum der Umweg? Beides wäre doch

denkbar. Und niemand weiß es, deshalb ist es für mich riskant, daraus ein Dogma zu machen.

Ich weiß, dass ich mich da weit aus dem Fenster lege, denn auch mir hat man schon einmal gesagt: „Wenn du die Dogmen nicht akzeptierst, bist du nicht katholisch". Ich weiß es nicht, ob ich den Dogmen glauben kann, ich weiß nur, dass in meiner Vorstellung von Gott alles möglich ist, er müsste dafür nicht die menschlichen Selbstverständlichkeiten außer Kraft setzen.

381 – *„Dein Lob, Herr, ruft der Himmel aus"*
(Text: Adolf Lohmann nach Albert Curtz 1659 nach Ps 19; Musik: Augsburg 1669)
 Hier sagt die 2. Strophe:
„Kein Land, kein Volk ist auf der
Erd, das nicht allzeit die Kunde hört···"

Das ist ja schlicht und einfach nicht wahr. Natürlich gibt es Menschen, die nichts von unserm Gott hören, weil sie in einer anderen Religionsgemeinschaft groß geworden sind.

Und sie alle haben doch ein Recht auf ihren Glauben. Ich glaube, dass es Gott schon schafft, uns alle am Ende im ewigen Leben zu vereinen, egal auf welche Weise wir im irdischen Leben auf ihn vertraut haben. Ganz besonders fallen mir da die Naturreligionen ein. Ich persönlich würde nie versuchen, ihnen ihren so tiefen Glauben auszureden. Wer bin ich, dass ich ihnen verbieten dürfte, an ihren Gott oder an ihre Götter zu glauben.

Ja doch, ich glaube, dass mein Glaube richtig ist, aber ich verurteile niemanden, der anders glaubt, denn er hat es anders erfahren. Gott ist größer als unsere menschliche Vorstellungskraft und er wird niemanden richten, der in einem anderen Land unter anderen Voraussetzungen und anderen Kulturen groß geworden ist. So sehe ich *meinen* Gott, der letztlich für alle ist.

Ganz extrem fällt mir die *Fragwürdigkeit* mancher Liedtexte auf in dem Lied:

329 – *„Das ist der Tag, den Gott gemacht"*
(Text: nach Heinrich Bone 1847/EGB 1975, Musik: nach Johann Leisentrit 1567)
In der 5. Strophe steht, nein, ich muss sagen:
Da „steht" nicht nur, da „singen wir lauthals":
„In aller Welt ist Freud und Fried".

NEIN! Leider nicht, aber sowas von nicht! Das große und vielfältige Leid der Menschen auf allen Erdteilen wird hier mit Füßen getreten, wenn wir in unserem österlichen Jubel einen solchen Satz laut singen. Ich halte es für extrem gefährlich, das Leid der Welt zu leugnen, auch wenn diese Passage interpretativ gemeint ist. Ich weiß das alles, aber ich will nicht mehr bei jedem Satz interpretieren müssen, ich möchte direkt und menschlich mit meinem Gott sprechen, und sicher keine offensichtlichen Lügen von mir geben. Und gerade wenn dann in der Kar- oder Osterzeit wieder einmal irgendwo auf der Welt ein Drama passiert ist, ist es in meiner Vorstellung extrem traurig, diese Strophe zu singen. Und selbst ohne akute Dramen gibt es leider Unfrieden genug in der Welt.

Im nächsten Abschnitt beschäftigt mich die **negative Lebenseinstellung**, die ich hinter den Texten lese:

796 – *„Ach wie flüchtig, ach, wie nichtig"*
(Text: Michael Franck 1652; Musik nach Michael Franck 1652/Johann Crüger 1669)

Dieses Lied ist voll von düsteren, endlichen und deprimierenden Äußerungen. Nichts hat auf Erden Bestand, jedes Glück ist von kurzer Dauer, an nichts Positives sollte man sich gewöhnen, denn es ist schnell dahin, Freude und Glück haben keine Dauer. Wo ist des Lebens Sinn?
Nur im Grämen? Warum? Ich glaube nicht, dass Gott das möchte. Ja, ich weiß, dass es Menschen gibt, die sehr viel ertragen müssen im Leben, und – ganz ehrlich – das macht mir großen Kummer. Aber es kann ja nicht sein, dass das die Norm sein soll. Und eine reine Bestandsaufnahme des Lebens ist es auch nicht, Gott sei Dank nicht. Wenn man dieses Lied singt, muss man sich dann schämen, wenn es einem gerade nicht so schlecht geht?
Warum nur? Es macht mich traurig···

465 – *„Das Jahr steht auf der Höhe"*
(Text: Detlev Block 1978/2012, Musik: Johann Steurlein, 1575, geistl. Nürnberg 1581)

Wenn ich die 4. Strophe sehe, dann bekomme ich nichts weiter als Angst: *„Dein Tun hat Morgenschimmer, das unsre sinkt ins Grab"* Frohmachender, vertrauensvoller, zuversichtlicher Glaube hat da keinen Platz.

Ein großes Thema ist natürlich die **veraltete Sprache**, die man zum Teil heute gar nicht mehr versteht, sie aber dennoch mitsingt.

218 – *„Macht hoch die Tür"*
(Text: Georg Weißel [1623] 1642; Musik: Halle 1704)

···ein beliebtes Adventlied, das zurzeit noch nicht aus unseren Gottesdiensten wegzudenken ist. Aber wer weiß noch, was die *„Zweiglein der Glückseligkeit"* sind, die man mit *„Andacht, Lust und Freud aufstecken soll···?"*

231 – *„O Heiland reiß die Himmel auf"*
(Text: Friedrich Spee 1622; Musik: nach Augsburg 1666) 1622)
Bleiben wir im Advent: Hier soll Jesus *„im Tau herabfließen,* die *„Erde soll ihn als Blümlein hervorbringen",* die *„Wolken sollen ihn herabregnen",* als *„Sonne soll er aufgehen···"*

Ich weiß, es ist Kunst, es ist Bildersprache und es steckte einst eine tiefe Bedeutung dahinter. Ich weiß auch, dass man dahinter heute noch eine tiefe Bedeutung sehen kann, man kann dieses Lied interpretieren und wird viel herausholen können.

Aber die Gemeinde singt es im Gottesdienst in etwa 1.40 min., und dann ist es vorbei. Die Menschen heute singen ihnen unbekannte Bilder, die viel zu wertvoll sind, als dass sie gedankenlos heruntergebetet werden sollten.

Ja, es sind vorwiegend die Advent- und Weihnachtslieder, die die blumige Bildersprach von damals nicht loslassen. Aber es gibt einen Unterschied, ob ich mir diese Lieder aus Sentimentalität, aus positiven Emotionen und Erinnerungen an die Kindheit zu Hause oder in einem Konzert anhöre, oder ob ich als Gläubige in der Hl. Messe *vorgegeben* bekomme, dieses oder jenes Lied mitzusingen.

Mir geht es in erster Linie um Ehrlichkeit im Tun. Jeder, der diese Sprache versteht und sie gerne singt, soll es unbedingt tun, aber ich halte es – zumindest für schwierig – das auf alle ungefragt zu übertragen.

101 – *„Nun ruhen alle Wälder"*
(Text: Paul Gerhardt ; Musik: nach Heinrich Isaac um 1495/1505, bei Georg Forster 1539, Einheitslieder 1947, 1647)
Str. 6: *„Breit aus die Flügel beide, o Jesu, meine Freude, und nimm dein Küchlein ein. Will Satan mich verschlingen, so lass die Englein singen: „Dies Kind soll unverletzet sein"*

Wie liebevoll, wie unglaublich liebevoll, und das meine ich wirklich so, wie ich es sage. Und wie schade, dass es nicht mehr die Sprache von heute ist··· Ich wusste nicht, was ein Küchlein ist, aber vielleicht ist es auch nicht wichtig, man kann sich schon irgendetwas darunter vorstellen, das reicht···

In diesem Zusammenhang finde ich eine Menge Texte im „Gotteslob", die extrem stark die **bildliche Vorstellung** strapazieren, zumal es nicht mehr „unsere" Bilder sind. Das macht die Sache schwierig und wird auch den Textern dieser Lieder nicht mehr gerecht. Das tut mir manchmal leid, denn auch ich habe früher einmal kleine Gedichte geschrieben, die mir sehr aus dem Herzen kamen, und die selbstverständlich auch Bildersprache beinhalten. Auch da wäre es nicht angenehm für mich, eines Tages als „kitschig" abgewertet zu werden, und das wird passieren, denn die Zeiten und die Menschen, sogar die Gefühle ändern sich.
Literatur, auch die von früheren Jahrhunderten, ist ein wertvoller Schatz. Aber hier geht es darum, dass Menschen aus dem 21. Jahrhundert mit zum Teil nicht mehr verständlichen Worten ihren Glauben explizit äußern··· Da ist sie wieder, die Frage der Ehrlichkeit. Beispiele:

144 – *„Nun jauchzt dem Herren alle Welt"*
(Text: 1.-4. Str. nach David Denicke 1646 nach Cornelius Becker 1602 nach Ps 100; Musik: Hannover 1646 nach Hamburg 15898/Wolfenbüttel 1609)

Hier singen wir in der 4. Strophe:
„Kommt, geht zu seinen Toren ein, mit Loben durch der Psalmen Klang, zu seinem Hause mit Gesang"

Man hat ein Bild im Kopf, wenn man das bewusst singt. Dieses Bild entspricht sicher nicht dem, was wir uns wirklich vorstellen, wenn es darum geht, Gott zu begegnen. Entschuldigung, ich möchte niemandem wehtun, der es sich genauso vorstellt, wissen tun wir es ja sowieso nicht. Aber mir persönlich fällt es schwer.

Ich weiß, dass die Psalmen für die Menschen über Jahrhunderte sehr wichtig waren, weil sie z.B. Erfahrungen der Menschen mit Gott widerspiegelten. Sie wurden aufgeschrieben, festgehalten, in den Kanon der Bibel aufgenommen und sind von enormem Wert. Aber ich kann es nicht mehr laut singen, als wären es meine Vorstellungen, und damit allen, die mich hören, einschließlich Gott, erklären, dass ich denke, ihm mit dem Singen von Psalmen eines Tages entgegen zu gehen. Ich hoffe, dass er mich in die Arme nimmt, wie auch immer das gehen wird, einfach bei mir ist···

Ebenso befinden sich in dem immer noch sehr *beliebten* Lied:
289 – *„Oh Haupt voll Blut und Wunden"*
(Text: Paul Gerhardt 1656 nach „Salve, caput, cruentatum" des Arnulf von Löwen vor 1250; Musik: Hans Leo Haßler 1601/Brieg nach 1601)

··· Passagen, die *weh tun*. Ich mag heute nicht mehr über „der roten Lippen Pracht" von Jesus, von seinem „edlen Angesichte" singen. Ich empfinde es persönlich als unangenehm, fast peinlich für Jesus.

So geht es mir auch in dem Lied:
364 – *„Schönster Herr Jesu"*
(Text und Musik: nach Münster 1677)

Hier wird Jesus gemalt, sehr kunstvoll und wertvoll.
Und es hat alle Berechtigung, das zu tun. Aber –
auch hier muss ich sagen, wird es mir unangenehm,
wenn ich über Jesus - heute - so blumig reden, bzw.
singen soll. (Früher war das sicher als Geschenk an
Jesus, als liebevolle Geste der Texter gemeint) Wir
wissen alle nicht, wie Jesus ausgesehen hat,
vielleicht war er besonders stattlich und *schön*, aber
das ist eigentlich völlig egal. Er wird ein normaler
Mensch seiner Zeit gewesen sein, wie du und ich,
und es ging ihm bei seiner Person sicher nicht um
Schönheit. Ich weiß, jeder freut sich über
Komplimente, was sein Äußeres angeht, aber ich
glaube nicht, dass Jesus darauf reduziert werden
wollte. Ich weiß, das hört sich jetzt fast naiv an, was
ich schreibe, denn natürlich weiß ich, dass hinter den
Texten weit mehr steckt als die bloße Beschreibung
eines Mannes, aber vielleicht macht gerade diese
Naivität deutlich, wie man Texte falsch verstehen
kann, was ich auch für mich durchaus einräume,
vielleicht verstehe ich es alles falsch, aber es
ist mein Empfinden, und ich glaube, nicht nur meins.

387 – *„Gott ist gegenwärtig"*
(Text: Gerhard Tersteegen [vor 1727] 1729; Musik: nach Joachim
Neander 1680)1729)

Hier heißt es in der 6. Strophe:

„Lass dein schönstes Lichte, Herr, berühren
mein Gesichte. Wie die zarten Blumen willig sich
entfalten und der Sonne stille halten, lass mich so,
still und froh deine Strahlen fassen···"
Wie gesagt, es ist mir einfach ein bisschen
peinlich···

331 – „Ist das der Leib, Herr Jesu Christ"
(Text: Friedrich Spee 1623/ Kirchenlied 1938; Musik:
Würzburg 1628)

Hier wird in der 6. Strophe ein Bild „gemalt",
das ich in der Tat in meinem Kopf sehe, wenn ich die
Zeilen lese, bzw. singe:

„Bedeck, o Mensch, dein Augenlicht! Vor dieser
Sonn besteht es nicht. Kein Mensch auf dieser Erde
kann den Glanz der Gottheit schauen an."

Sieht nicht jeder diesen kauernden Menschen, der
seine Hände vor die Augen legt und immer noch
leidet unter der Helligkeit, die ihn umgibt? Ja, das
Bild hat künstlerisch seinen Wert als Bild längst
vergangener Jahrhunderte. Aber ist das heute noch
ein Bild für Gott?

551 – „Nun singt ein neues Lied dem Herren"
(Text: Georg Thurmair 1967/1972 nach Psalm 98;
Musik: Guillaume Franc 1543/Loys Bourgeois 1551)
„Frohlockt dem Herrn, ihr Nationen, ihr Meere

und der Berge Grund··· voll Freude ist der Ströme Lauf··· die Berge jubeln himmelauf···

Ich möchte mich nicht wiederholen, es ist einfach die falsche Sprache für das 21. Jahrhundert···

Nun komme ich zu dem großen Thema **„Schuld"** in den Kirchenliedern, das sich meine Kirche seit Jahrtausenden auf die Fahne geschrieben hat. Ich habe ein sehr ausgeprägtes, fast neurotischen Schuldbewusstsein entwickelt, das auch aus der Kirche meiner Kindheit rührt. Ich bin deshalb besonders sensibel, was dieses Thema angeht. Zum einen spüre ich, dass ich meine Kirche verteidigen will, weil sie eben nicht mehr so wie früher so oft das Schlechte im Menschen sieht, weil sie viel barmherziger, lebensnaher und menschenfreundlicher geworden ist.
Auf der anderen Seite glaube ich, dass diese meine Kirche Schuld ist an manchen Ängsten, die ich und andere ein Leben lang mit sich herumschleppen. Ich will versuchen, so sachlich wie möglich an die Sache heranzugehen, es wird nicht einfach···

268 – *„Erbarme dich, erbarm dich mein"*
(Text: Maria Luise Thurmair [1972] 1975 nach Ps 51; Musik: Caspar Ulenberg 1582)
In der 2. Strophe heißt es:
„Arm ward ich in die Welt geschickt, von Anbeginn in Schuld verstrickt. Ein fremdes mächtiges Gesetz

trieb mich dem Bösen in das Netz. Du weißt, was
mich im Innern quält.
Vor dir allein hab ich gefehlt."

Ja, das ist die Sprache, die ich noch aus meiner
Kindheit kenne. Ich als Mensch bin sündig, warum,
habe ich als Kind gar nicht mal so gefragt, es wurde
oft genug in der Kirche erwähnt. Ich habe es einfach
geglaubt, in mich aufgenommen, als Kind und
Jugendliche zwanghaft gebeichtet und schließlich
religiöse Zwänge entwickelt···
Heute glaube ich:
„Von Anbeginn in Schuld verstrickt?"(s.o.) Nein!
In eine immer wieder schuldig werdende Welt
geboren - Ja!
Immer wieder in Gefahr, schuldig zu werden – Ja!
Aber von Anfang an in Schuld verstrickt? Nein!
Wenn ich mein kleines einjähriges Enkelkind sehe,
das weiß nichts von Schuld und ist auch nicht in der
Lage, schuldig zu werden – jetzt noch nicht, nicht
von Anfang an.
Und ob das „fremde, mächtige Gesetz" (s.o.) mich
kriegt oder nicht, kann ich auch – bedingt – selber
entscheiden. Natürlich werden wir alle immer mal
wieder schuldig. Natürlich weiß ich um das Böse in
der Welt, das ist ja nicht zu übersehen, und auch in
mir ist es. Aber warum sollte ich mich von Anfang an
als einen schrecklichen, bösen Menschen sehen?

In der 6. Strophe heißt es dann:
„Nimm an, was ich zum Opfer bring: das Herz
zerschlagen und gering···"

Ja, diese „Opfer" kenne ich als Zwängler. Ich habe mir vieles verboten, damit ich Gott gnädig stimmte. Ich glaube heute nicht mehr, dass Gott das will.

271 – „O Herr, aus tiefer Klage···"
(Text: Georg Thurmair [1935] 1938; Musik: Adolf Lohmann [1935] 1938)
Strophe 2: *„Mein Wesen ist zu Ende und trauert wie im Grab, es fielen Herz und Hände von deiner Liebe ab."*
Ja, kann passieren··· ich will das gar nicht leugnen. Es gibt Zeiten im Leben, in denen es schwer fällt zu glauben, in denen man andere Wege geht.
Und vielleicht kommt der Moment, wo einem das furchtbar leidtut und man mit Gott wieder ins Reine kommen möchte. Aber man darf das doch nicht den Menschen im Gottesdienst überstülpen und ihnen sozusagen allen – unisono - genau eine solche Situation vorwerfen, indem man ihnen *vorgibt,* diesen Text zu singen!

289 – „O Haupt voll Blut und Wunden"
(Text: Paul Gerhardt 1656 nach salve, caput cruentatum" des Arnulf von Löwen vor 1250; Musik: Hans Leo Haßler 1601/Brieg nach 1601, E: 2. Str. „Weltgewichte": Kosmos"1656)
In der 4. Strophe heißt es: „Schau her, hier steh ich Armer, der Zorn verdienet hat".

Welches Gottesbild wird da übermittelt? Ein wütender, zorniger Gott, vor dem man Angst haben soll? Soll ich wirklich Angst vor Gott haben? Ich kann das nicht glauben···
Sicher hat es die Vorstellung einmal gegeben.
Ich glaube nicht daran··· Ja, ich kämpfe mit mir, dass diese Vorstellung nicht mehr in mir hochkommt.
Ich hätte keine Zwänge entwickelt, wenn mir dieses Gottesbild nicht irgendwann einmal zumindest auch so übermittelt worden wäre.
Aber – nein – Zorn und Gott, das passt nicht zusammen, und man sollte es heute nicht mehr aussprechen. Es macht was mit den Menschen, Kirche muss da Verantwortung übernehmen!

Es gibt Lieder, die das Thema Schuld und die **totale Ergebenheit an Gott** verdeutlichen. Es ist ein schwieriges Thema. Die Gottergebenheit möchte ich nicht kleinreden. Das ist ein ganz schwieriges Feld. Gott ist und bleibt der/das Wichtigste in unserem Leben, wenn wir den Glauben wirklich ernst nehmen. Und ich möchte Gott auch nicht mit uns Menschen auf eine Stufe stellen (das mag sich manchmal so anhören). Er ist und bleibt Gott. Darum ist das Zielgerichtet-Sein hin auf Gott durchaus richtig und gut, somit auch ein Stück die Gottergebenheit. Aber will Gott wirklich, dass ich mich selber verleugne, dass ich mich als Mensch missachte? Will Gott, dass ich allen Freuden des Lebens entsage, dass ich mich selbst kasteie, dass ich in Angst und Unruhe lebe, jede Minute meines Lebens mit den brennenden Fragen im Kopf: Mache ich gerade zu 100% das, was Gott von mir will? Gefalle ich Gott? Oder ist er böse mit mir? Will Gott diese ständige Angst? Diese ständige Unterwürfigkeit? Diese Unfreiheit?

Vielleicht ist „Gottergebenheit" damit gar nicht gemeint, aber das ist das, was mir als *Normalbürger* im Kopf herumgeistert, wenn ich dieses Wort höre. Und wir singen die Lieder aus dem Gotteslob als *Normalbürger*. Nochmal: Die wenigsten haben die hohe Theologie studiert und wissen um die Hintergründe der Texte. Das darf man nie vergessen! Und ich habe sogar zumindest Schmalspur-Theologie studiert und empfinde es trotzdem so.

Ein extremes Beispiel im Lied 387 verdeutlicht das, was ich meine.

387 - *„Gott ist gegenwärtig"*
(Text: Gerhard Tersteegen [vor 1727] 1729; Musik: nach Joachim Neander 1680 1727)
„Wer ihn kennt, wer ihn nennt, schlag die Augen nieder, kommt, ergebt euch wieder"
„Gott··· dem die Kerubinen Tag und Nacht gebücket dienen···
Herr, vernimm unsre Stimm, da auch wir Geringen unsre Opfer bringen."

„Wir entsagen willig allen Eitelkeiten, aller Erdenlust und Freuden; da liegt unser Wille, Seele, Leib und Leben dir zum Eigentum ergeben"
„Majestätisch Wesen, möchte ich recht dich preisen und im Geist dir Dienst erweisen··· Lass mich dir, für und für trachten zu gefallen, liebster Gott, in allem."
„Mach mich einfältig, innig abgeschieden···"
„Lass mich dich erblicken und vor dir mich bücken."

Will Gott das wirklich alles?
Nehmen wir ein paar weitere Beispiele:

185 – *„Du hast, o Herr, dein Leben···"*
(Text: 1. Str. Köln 1880, 2. Str. Petronia Steiner 1945; Musik: Melchior Teschner [1613] 1614)
„Nimm alles, was wie haben zum Opfer gnädig hin···"

188 – *„Nimm, o Gott, die Gaben···"*
(Text: Raymund Weber 2009; Musik: Andrew Lloyd Webber 1970)
„Nimm als Lob und Dank auch unser Leben, schließ uns in die Hingabe deines Sohnes ein"
256 – *„Ich steh an deiner Krippe hier"*
(Text: Paul Gerhardt 1653, Musik: Johann Sebastian Bach 1736)
„Nimm hin, es ist mein Geist und Sinn. Herz, Seel und Mut, nimm alles hin und lass dir`s wohl gefallen."

461 – *„Mir nach, spricht Christus"*

(Text: Angelus Silesius 1668; Musik: Bartholomäus Gesius 1605/ Johann Hermann Schein 1628)
„Verleugnet euch, verlasst die Welt···"

Diese Ergebenheit ist in vielen Liedern. Und ich werde mehr und mehr unsicher, ob meine Gedanken die Richtigen sind? Muss ich mich *unterwerfen*? Und tue ich mich damit nur so schwer, weil es heute nicht mehr *in* ist?

Habe ich Unterwerfung im göttlichen Sinne einfach nur noch nicht wirklich verstanden?

Spricht jetzt meine Angst oder mein Verstand?

Wenn ich eines nicht will, dann ist das, Gott zu entthronen, wie könnte ich auch···?

Aber ich möchte Gott als liebenden, fürsorgenden, Geborgenheit schenkenden Gott weitergeben, eben als vertrauensvollen, innere Wärme schenkenden Vater, von mir aus auch Mutter. Das habe ich weitergegeben an meine Kinder und an die vielen Kommunionkinder, die ich über Jahre betreut habe. Das will ich weitergeben an meine Enkel und an jeden, der mich fragt.

Ich möchte nicht, dass Gott als *Spielverderber* dasteht, als jemand, der die Freuden dieser Welt, die Freuden der Menschen nicht wollte.

Es ist schlimm genug, dass nicht alle Menschen dieses Planeten glücklich sein können, und dass es so viel Elend gibt, aber sicher will ich nicht vermitteln, dass Gott die Knechtschaft des Menschen will. Er hat sein Volk aus der Knechtschaft herausgeführt, lesen wir im Alten Testament.

Er will doch das Glück des Menschen!
Die Liedtexte, die ich auf den letzten Zeilen zitiert habe, machen mich unsicher. Sie tun mir weh, obwohl sie aus lauterem Herzen geschrieben wurden und sicher niemandem wehtun wollten. Aber die Tatsache, dass meine Kirche diese Texte in die relativ neue Ausgabe des *Gotteslob* aufgenommen hat, besagt doch, dass sie sich nicht abkehrt von den alttestamentlichen Vorstellungen des strafenden und Ergebenheit fordernden Gottes. Das kann und will ich nicht mehr glauben.
Vielleicht aber lässt sie manche Texte auch nur deshalb im Kanon, weil sie kostbare Literatur sind. Ich bin da wieder bei der Oper. Auch sie spricht oft nicht die Sprache der Menschen im 21. Jahrhundert, aber viele lieben sie.
Der Unterschied ist eben nur – ich wiederhole mich nochmal: In der Oper sind wir Zuschauer, in der Kirche Akteure··· Wir sind heute diejenigen, die den Glauben an Gott weitergeben müssen.
Machen wir es richtig?

Und was man darüber hinaus bedenken sollte: Es gibt Liedtexte, die sich in liebevoller Weise auf eine ganz bestimmte Situation der Vergangenheit beziehen, die heute niemand mehr kennt, das ist sinnentfremdend und extrem schade.

Nun gibt es mittlerweile viele zeitgenössische Lieder, die auf hervorragende Weise die Sprache der Menschen von heute wiedergeben. In vielen, vor allem modernen Gottesdiensten werden sie gesungen. Und sie tun gut. Das neue Gotteslob von 2013 hat schon einige neue Lieder aufgenommen. Eine gesunde Mischung von Alt und Neu ist wahrscheinlich das, was allen am gerechtesten wird. Aber die Sprache muss stimmen, sonst wird es unehrlich, und das sollte nicht sein···

Ein Wort an alle Organisten, die Liedpläne erstellen: Es ist die Aufgabe aller Organisten, das Gotteslob zu *bedienen* und sie sind nicht verantwortlich für die Texte. Es ist ihr Arbeitswerkzeug, das ihnen vom Bistum vorgegeben ist. Auch für sie ist es eine Frage von Loyalität mit den Gedanken früherer Autoren, und sie können sich nicht so einfach darüber hinwegsetzen, wie ich das in diesem Buch mache. Ich erfahre aber vor Ort, wieviel liebevolle Gedanken sich bei den Liedplänen gemacht werden, um die Texte des Tages mit der Musik in Einklang zu bringen,
und einige Strophen fallen in der Tat schon durch···

Das ist genau das, was mir beim Schreiben immer wieder auffällt:
Nicht jeder kann einfach an seinem Platz all das in die Tat umsetzen, was er an Überzeugung in sich trägt. Vielfach sind uns die Hände gebunden.
Man sollte das nie vergessen, wenn man Veränderungen fordert. Wichtig ist und bleibt nur, dass man sich einbringt, mit den ureigenen Ideen, aber immer wohlwollend, nie zerstörend.

An dieser Stelle ist es mir ein Bedürfnis, einen lieben Menschen mit *ins Buch* zu holen: unseren langjährigen mittlerweile über 80-jährigen Organisten, von dem ich gelernt habe, wie jung man im Geiste bleiben kann. Oft diskutieren wir nach den Gottesdiensten über *Gott und die Welt* und nicht selten über die Sprache der Lieder und Texte.
Als Organist hat man sehr viel mit den Empfindungen der Menschen zu tun. Mit der Musik trifft man die Seele der Menschen, und er macht sich immer noch eine Menge Gedanken über die Wirkung seines Spiels und bleibt allem Neuen gegenüber offen.
Das ist es, was ich bewundere: wenn Menschen nach so vielen Jahrzehnten unterschiedlichster Erfahrungen mit der Kirche immer wieder fragen:
Was kommt heute an?
Was brauchen die Menschen heute?
Und das ist keine Frage des Alters···

„Meine Güte, Kirche···"

··· so habe ich meine Gedanken in diesem Buch
überschrieben.
Meine Güte, Kirche, ich hab dich immer noch gern,
obwohl du so manches falsch machst···
so wie ich, so wie jeder Leser,
so wie Menschen nun mal sind···
Auch die Kirche besteht nur aus Menschen,
diesseitig jedenfalls···
Meine Güte, Kirche, wie soll das nur weitergehen···?
Die Menschen verlassen dich,
sie brauchen dich scheinbar nicht mehr···
Aber du bist zu wertvoll, um unterzugehen,
viel zu wertvoll···

Und jetzt?

Wie machen wir es richtig?
··· Ich träume ···

Natürlich kann ich diese Frage nicht beantworten:
„Wie machen wir es richtig?" Ich weiß noch nicht
einmal, ob es ein „richtig" gibt.
Aber ich kann einmal träumen···

Leitung von Kirche

Um mal ganz „oben" anzufangen:
Ich empfinde das Papsttum als einen Segen, auch
wenn das Amt viele Gefahren birgt, weil auch der
Papst nie wirklich wissen kann, was richtig und
falsch ist. (>meine Meinung)
Aber es gibt ein Korrektiv innerhalb der katholischen
Kirche, an das man sich halten kann, oder um das
man ggf. streiten kann.
Das ist gut, das hält zusammen und das gibt eine
gewisse beruhigende Grundlage. Natürlich ist all
das, was um das Papsttum im Laufe der
Jahrhunderte gewachsen ist, hier und da auch
diskutabel und vielleicht auch verbesserungswürdig.
Aber grundsätzlich halte ich es für gut.
Aber···

Ich träume··· (Papst)

Ich würde mir wünschen, dass der ganze „Apparat Vatikan" etwas kleiner werden würde. Wichtig ist so etwas wie der von Papst Franziskus zusammen gerufene „Kardinalsrat", der sog. „K9-Rat", der in meinen Augen zusammen mit dem Papst das *entscheidende* Gremium in der katholischen Kirche sein kann.

Ich stelle mir vor, dass die Zuarbeit von allen Erdteilen ausgeht und zwar in doppelter Weise. Neben den Bischöfen, den nationalen und internationalen Bischofskonferenzen, sowie den weltweiten Bischofssynoden, müsste es so etwas wie eine Unterstützung durch das *normale* Volk geben.

Man könnte Menschen (wirklich interessierte Laien, Männer und Frauen) beauftragen, jeweils für ein Jahr, die Gemeinden ihres Bistums zu besuchen und möglichst viel Kontakt mit ihnen zu halten. Sie müssten in der Lage sein, die Zeichen der Zeit in ihrem Land realistisch zu erkennen, müssten nah bei den Menschen sein und um ihre Sorgen, Nöte, Hoffnungen und Träume wissen.

Diese *Bistumsbeauftragten* treffen sich einmal im Jahr mit allen anderen des jeweiligen Landes und tauschen ihre Erfahrungen aus.

Hier gibt es einen, der in ein internationales Gremium gewählt wird, ich nenne ihn mal den *Landesbeauftragten*. Dieser trifft sich ebenfalls jährlich mit allen anderen Landesbeauftragen des

Kontinents zu einer zusammenfassenden Sitzung. Einer von ihnen ist dann der Informationsübermittler an den Papst zusammen mit denen der anderen Kontinente und ist Bestandteil des Entscheidungsgremiums um und mit dem Papst.

In Ansätzen gibt es sowas schon beispielsweise in den Katholikenräten und anderen Gruppierungen, die sicher gute Arbeit machen. Aber das müsste durchstrukturiert für die Welt sein, auch wenn es nicht in allen Kontinenten auf die gleiche Weise geschehen kann. Und diese Personen brauchen Kompetenz und müssen *bis oben* gehört werden.

Über die Zeitabstände der Zusammenkünfte müsste man genau nachdenken, allerdings sollten die Abstände nicht zu lang sein.
Auf diese Art und Weise gäbe es einen dauerhaften Austausch zwischen Vatikan und jeder kleinen Gemeinde dieser Welt.
Es gäbe immer parallel eine Einschätzung der Bischöfe, also der Kleriker und der Laien.

Das ist jetzt sehr einfach beschrieben, daran müsste man feilen, aber ich glaube, es wäre eine Möglichkeit, alle Länder dieser Erde auf faire Weise zu Wort kommen zu lassen und ihnen gerecht zu werden.
Franziskus hat bereits einen Anfang gesetzt. Es ist ein Schritt in eine demokratische Richtung, in der der Papst vielleicht ein Vetorecht haben müsste.

Ich träume··· (Bischöfe)

Gehen wir weiter *runter* zu den <u>Bischöfen.</u>
In meinem Traum sollten sie vom Volk gewählt werden. Der Papst kann die Kandidaten vorher bestätigen, kann sein: *nihil obstat*, sein: *es steht nichts entgegen* verkünden.

Dann sollte sich jeder für das Bischofsamt vorgeschlagene Priester den Gemeinden, vielleicht über die Regionen vorstellen, und jeder, wirklich jeder müsste die Möglichkeit haben, ihn kennen zu lernen, ihn zu wählen oder nicht zu wählen.

Die Bischöfe sollten vordergründig dienen.
Eine ihrer großen Aufgaben sollte es sein, sich um die Priester und Priesterinnen zu kümmern, immer wieder danach zu fragen:
Wie geht es dir in der Gemeinde? Wie kommst du mit der Arbeitszeit zurecht? Bist zu glücklich? Wo kann/sollte ich dir helfen und auch konkret einspringen, wenn *Not am Mann ist.*
Wenn Bischöfe Gemeinden besuchen, sollte das in einem *normalen* Gottesdienst geschehen, und es sollte keine durchgestylte, extra voluminöse Feier von Seiten der Gemeinde erarbeitet werden. Nach dem Gottesdienst sich mit dem *ganz normalen Volk* zu unterhalten, wäre der beste Weg, die Menschen wirklich zu hören und zu verstehen.
Idealerweise würde er eine Woche in der Gemeinde wohnen und die *ganz normalen Kirchgänger* besuchen, auf keinen Fall <u>nur</u> die Gremien.

Er sollte dabei – in *meinem* Traum - keine bischöflichen Kleider tragen. Ich wünsche mir einen Bischof, der angezogen ist, wie jeder andere Mann (eines Tages einmal sollte die Bischöfin angezogen sein wie jede andere Frau).

Er sollte den Eindruck vermitteln, dass wir vor Gott alle gleich sind, niemand *gleicher* ist. Der Bischof als *Kind Gottes* zusammen mit den anderen *Kindern Gottes* – ohne Unterschiede, das wäre schön···

Ich träume··· (Priester)

Dann kommen wir zu den <u>Priestern/Priesterinnen</u>, bzw. zu den <u>Gemeindeleitern/Gemeindeleiterinnen</u>. Ich möchte an dieser Stelle einen kleinen Exkurs zum Thema „Heimat" einfügen:

Exkurs: Heimat!

Die wenigsten Menschen sind zu Einzelgängern geboren. Wir sind ausgerichtet auf ein Du, ein Wir und ein Ihr, wir leben in Gemeinschaften, in Familien, Partnerschaften, Gruppen, Vereine, in Gesellschaft und auch in und mit der Religion. Ganz alleine würde wohl kaum ein Mensch überleben können. Das ist zunächst einmal Fakt. Nun geht es nicht nur darum, andere Menschen nur zu sehen, Nahrung zu bekommen, drei Worte zu wechseln und wieder ins Schneckenhaus zurückzugehen. Der Mensch braucht mehr.

Der Mensch braucht Wärme, Vertrautheit, Liebe, Fürsorge, Fröhlichkeit, Unbeschwertheit, Gesprächspartner, lebendigen Austausch der Gedanken, Schutz, mitunter Hilfe und vor allem Geborgenheit.

Idealerweise ist das zunächst einmal für ein Kind in einer Familie zu finden. Diese Bedürfnisse enden aber nicht mit dem Eintritt ins Erwachsenenalter. Manche davon werden sogar noch stärker.

Nimmt man einem Menschen das eine oder andere der eben genannten Bedingungen, führt das nicht selten zu seelischen Krankheiten, die nur schwer in den Griff zu bekommen sind, und die zum Teil lebenslange Auswirkungen haben. Kirche möchte im Grunde ja auch so etwas wie eine Familie sein, die große Familie der Kinder Gottes. Auch innerhalb dieses Systems braucht es Wärme, Vertrautheit, Liebe, Fürsorge, Fröhlichkeit, Unbeschwertheit, Gesprächspartner, lebendigen Austausch der Gedanken, Schutz, mitunter Hilfe und vor allem Geborgenheit. Mit anderen Worten: Kirche muss Heimat bieten. Und genau das ist der Punkt, den ich in großer Gefahr sehe. Durch den (z.T. selbst gemachten) Priesterrückgang ist ein System zu Ende, das jahrhundertelang existierte: „Der Hirt und die Herde", wie es früher so schön hieß.

Und unsere Kirche ist noch darauf aufgebaut, dass der Hirte die Leitungsfunktion hat und letztlich alles regelt, der *gute Hirte* in Zusammenarbeit mit seinen *Schafen*.

Dieses System ist aber am Ende, denn lange nicht mehr gibt es den *einen* Hirten für die *eine* Herde. Leider! Seit mittlerweile Jahrzehnten werden zumindest in der westlichen Welt Gemeinden zusammengelegt. Gemeinden werden somit immer größer und Heimat immer unüberschaubarer, damit unlebbarer. Nein, vielleicht sollte ich sagen: unspürbarer.

Denn das ist das Entscheidende: Unser Glaube lebt vom Spüren, vom Fühlen, vom Empfinden. Er lebt in unserem Herzen, nicht im Kopf.

Niemand von uns Christen kann Gott beweisen, noch nicht einmal der Papst. Alles, was uns zusammenhält ist der Glaube. Und Glaube ist ein Gefühl, kein Wissen.

Bedenken wir das bei allem, was wir für die Zukunft planen und lassen wir nicht aus den Augen, wie überlebenswichtig für den Glauben unser Gefühl ist. Es geht also darum, eine Grundlage für ein gutes Glaubensgefühl zu legen, wenn wir überlegen, wie es mit unserer Kirche weitergeht.

Und das kann nach meinem Empfinden niemals in Großpfarreien liegen, in Versorgungsgruppen oder in Angebotskirchen.

Was wir schaffen, bzw. erhalten müssen ist **Heimat**: Wärme, Vertrautheit, Liebe, Fürsorge, Fröhlichkeit, Unbeschwertheit, Gesprächspartner, lebendigen Austausch der Gedanken, Schutz, mitunter Hilfe und vor allem Geborgenheit.

Heimat-Exkurs Ende···

Ich träume weiter···

Wir können heute auf das alte System nicht mehr zurückgreifen. *Hirten* nach den bisherigen Vorstellungen gibt es nicht mehr viele. Das bedeutet, dass man umdenken muss, umdenken ohne die Heimat aus den Augen zu verlieren.

Mit anderen Worten: kleine Einheiten – davon gehe ich in meinem Traum definitiv aus, dazu gibt es für mich keine Alternativen – müssen von der versorgten zur selbst sorgenden Gemeinde werden.

Ja, ich höre schon die Zweifel:

Wie soll das gehen? Wer hat denn dann das Sagen? (das ist scheinbar für uns Menschen ein ganz bedeutender Punkt, weil wir uns gerne leiten lassen)

Wer hat denn so viel Zeit?

Muss ich dann da aktiv mitmachen? (auch immer eine große Angst, nicht fähig genug zu sein oder überfordert zu werden)

Und die Kirche höre ich fragen:

Wer sorgt denn dann noch für die unverfälschte Lehre, wenn jeder sein Ding vor Ort macht?

Ich will diese Fragen gar nicht ins Lächerliche ziehen, sie haben alle ihre Berechtigung.

Und die Frage nach der unverfälschten Lehre ist enorm wichtig. Und so ist es auch richtig und wichtig, dass Menschen, die sich für ihre Gemeinde einsetzen, „Theorie" mitbekommen.

Die Praxis, die da aber bislang gehandhabt wurde, geht m.E. über das nötige Maß hinaus und grenzt viele Menschen aus.

Warum müssen beispielsweise Priester unbedingt Abitur haben und ein Studium absolviert haben? Die Ausbildung der Gemeinde- und Pastoralreferenten, die ich beide kenne, und natürlich die Priesterausbildung ist – denke ich – sehr hoch angesetzt. Der Weg bis hin zu einem Abschluss, der berechtigt, offizielle Aufgaben zu übernehmen, ist viel zu lang und zu steinig.

Die Theologie wurde in den letzten Jahrzehnten sehr verwissenschaftlicht, was natürlich auch positive Ergebnisse gebracht hat, und auch weiterhin wichtig ist. Aber nicht jeder, der aus tiefstem Herzen Priester werden möchte, ist für ein Studium gemacht. Diese Leute schließt man schon im Vorfeld aus.

Ja, es muss eine Ausbildung geben für die, die die frohe Botschaft verkünden, aber sie muss nicht zum Professor machen.

Im GEMEINDE-LEBEN geht es darum, GEMEINDE zu LEBEN.

Es gibt ein Lied, dessen Text für mich in einer Ausbildungsordnung für Priester zumindest deutlich vorkommen müsste:
Es sind die Strophen des Liedes: „Jetzt ist die Zeit". GL 742

„Der Herr wird nicht fragen: Was hast du gewusst, was hast du Gescheites gelernt? Seine Frage wird lauten: Was hast du bedacht, wem hast du genützt um meinetwillen?"

*„Der Herr wird nicht fragen: Was hast du
beherrscht, was hast du dir unterworfen?
Seine Frage wird lauten: Wem hast du gedient,
wen hast du umarmt um meinetwillen?"*

*„Der Herr wird nicht fragen: Was hast du
geglänzt, was hast du Schönes getragen?
Seine Frage wird lauten: Was hast du bewirkt,
wen hast du gewärmt um meinetwillen?"*

*„Der Herr wird nicht fragen: Was hast du gesagt,
was hast du alles versprochen? Seine Frage wird
lauten: Was hast du getan, wen hast du geliebt
um meinetwillen?"* [19]

Wenn ich mal darüber nachdenke: Ich kenne viele
Priester, die dieses Lied wohl verstanden haben.
Es geht um die Fähigkeit, anderen zu nützen,
anderen zu dienen, Menschen zu umarmen und zu
wärmen und den Nächsten zu lieben, ohne zu
herrschen und ohne sich irgendwie abzusetzen.
Die Stellenbeschreibungen heutiger Geistlichen
beinhalten allerdings so viel Verwaltungsarbeit, dass
sie sich kaum dagegen wehren können, ungewollt
auf einen Sockel gehoben zu werden und vor allem,
für die wesentlichen Dinge ihres Berufes kaum noch
Zeit zu haben.
Seelsorge und Management heben sich oft genug
gegenseitig auf, zermürben die Priester und lassen
sie ihrer Aufgabe nicht gerecht werden. Seelsorge
und Management gehen m. E. nicht zusammen!

Wie ist es nun mit der anderen Seite, mit der Gemeinde, die es bislang gewohnt war, versorgt zu werden?

Nun muss man ja wohl sagen, dass die Mitbestimmung in der Kirche spätestens seit den 70er Jahren sehr wohl Einzug gehalten hat. Das sollte man nicht verkennen. Es war ein großer Schritt für die Kirche, die alleinige Macht ein Stückweit abzugeben, in dem sich Pfarrgemeinderäte etablierten. Und so mancher unserer Gemeindemitglieder haben mittlerweile einen jahrelangen Fundus an Erfahrungen in der Mitarbeit in der Kirche.

Immer mehr Priester haben auf Grund der persönlichen Arbeitsüberlastung so manche Verantwortung den Laien übergeben. Das macht die Laien auch ein bisschen mündiger. Das führt zu neuen Kapazitäten in der Kirche, die dem Allgemeinwohl nur guttun.

Aber letztlich bleibt doch noch die Sehnsucht nach der Leitung, die Geborgenheit und Sicherheit schenkt, eben Heimat.

Wie können wir das angesichts der Misere des dramatischen (ich sag noch einmal: zu einem großen Teil selbst verschuldeten) Priestermangels auffangen? Wie behalten wir Heimat?

Da muss sicherlich ein Umdenken in den Gemeinden geschehen. Das steht außer Frage. Aber wie?

Ich glaube, wir sind in der deutschen Kirche an einem Punkt angelangt, an dem es nicht mehr anders geht, als von unten die Kirche wieder neu aufzubauen. Nicht mehr Strukturieren ist gefragt, sondern TUN. Zu lange wurden Gemeinden zusammengelegt, große Pfarreien gegründet, Kirchen geschlossen und die noch verbleibenden Priester aufgeteilt und vor unmenschlichen Mammutaufgaben gestellt, für sie und für die Gemeinden unbefriedigend.

Jetzt ist nach meinem Empfinden das Kartenhaus zusammengefallen, das Unwetter ist da. Es knallt an allen Ecken und Kanten.

Und vielleicht musste es so kommen, damit endlich gehandelt wird.

Die Versorgung von oben, die jahrhundertelang funktionierte, ist weitgehend porös. Das muss man so sehen, und das wird sich auch nicht so schnell ändern. Denn selbst wenn die Voraussetzungen für das Priesteramt geändert würden, gäbe es nicht morgen sofort eine Priesterschwemme.

Die Gemeinden müssen in die Selbstständigkeit entlassen werden. Sie müssen autark werden, aber sie brauchen dazu ein Korrektiv. Sie brauchen eine Anlaufstelle, einen Ort der Hilfe und eine Gruppe von Mitgliedern, die die Fäden zusammenhalten. Ja, dabei sind viele gefragt. Gemütlich wird das nicht.

In meinem Traum kann jeder Gemeindeleiter/ Gemeindeleiterin werden, der/die es ernst meint. Jede einzelne Gemeinde hat ihre Leitung, eben

Laien, die eine bischöfliche Beauftragung bekommen, nachdem sie von der Gemeinde vorgeschlagen, gewünscht und in den wichtigsten Grundlagen ausgebildet wurden.

Dies kann durchaus ein Team sein, auf das die Aufgaben verteilt werden, damit sie keinen erdrücken.

Jeder dieser Leiter/innen kann selbstverständlich verheiratet sein, muss es aber natürlich nicht. Das sollte überhaupt kein Thema sein.

Es wird letztlich zu überlegen sein, wie wir diese Leute nun nennen und wie es weitergeht:

Was ist mit der Sakramentenspendung?

Ich kann die Frage nicht beantworten. Ganz ehrlich, das treibt mich auch ein Stückweit um. Ich weiß nur, dass es mir extrem wichtig ist, dass es überall Gemeinden vor Ort gibt, in der jeder seine Heimat behält.

Und da ist dann noch die Sache mit dem Geld, ein immer wieder kritisches Thema in meiner Kirche, die Kirchensteuer.

Ich persönlich fände es erstrebenswert – und den Wunsch höre ich immer öfter – wenn die Kirchensteuer in den Gemeinden bleiben würde, wenn Gemeinden selbstbestimmt und selbstverantwortlich handeln und leben könnten. Natürlich gäbe es da ein paar Punkte zu beachten:

Sehr kleine Gemeinden müssten von den Großen unterstützt werden, weil sie alleine nicht überleben

könnten. (Unterstützung = eine christliche Aufgabe)
Jede Gemeinde müsste prozentual Abgaben an das
Bistum machen für caritative und gemeinnützige
Aufgaben des Bistums, Schulen, Kindergärten,
Krankenhäuser, und natürlich auch für die
Verwaltung···. (Teilen = eine christliche Aufgabe)
Wie auch immer, die Geldfrage muss neu diskutiert
werden mit einem eindeutigen Blick auf die
einzelnen Gemeinden!

Zusammenfassend möchte ich sagen:
Ideal wären nach meinem Empfinden genügend
Priester und Priesterinnen. Dafür müsste definitiv
das Zölibat aufgehoben werden, und zwar sehr
schnell, ohne Wenn und Aber, und Frauen müssten
Priesterinnen werden können. Ich sehe dazu absolut
keine Alternative und empfinde jede Diskussion
darüber überflüssig.
Solange das nicht passiert, muss es
Gemeindeleiter/innen oder Teams von
Gemeindeleiter/innen geben, die eine wesentlich
verkürzte Ausbildung absolvieren müssten, auch
wenn sie offiziell bezahlte Angestellte werden.
Sollte das Ganze ehrenamtlich laufen, kann die
Ausbildung nur sehr zentriert sein, eher in Kursen,
ohne Prüfung.
Wie auch immer das System demnächst aussehen
mag: Römisch-katholische Kirche, arbeite an all
dem!

Bitte! JETZT!

Gottesdienst (Glaubenstreffen)
Hier konkret am Beispiel eine Eucharistiefeier

Ich träume···

···von einem neuen zeitgemäßen Gottesdienst, in dem sich jeder angesprochen fühlt mit seiner Lebenswirklichkeit, mit seinen Sorgen und seinen Hoffnungen, vor allem in seiner Sprache. Hier darf man vielleicht bei aller Aktualisierung nicht das Bedürfnis der Seele nach dem – nennen wir es: *Mystischen* - vergessen. Wir müssen die schwierige Aufgabe bewältigen, in unseren Gottesdiensten eine Kombination aus Realität und Innerlichkeit zu finden.

Natürlich sind das <u>meine</u> Gedanken, <u>meine</u> Ideen, und <u>meine</u> Wünsche. Andere mögen andere haben.

⟩ Die Kleidung der „Leiter/in" besteht aus ordentlicher Alltagskleidung, evtl. mit einer Stola (oder auch aus einem Messgewand, darüber muss man einfach mal neu nachdenken···).

⟩ Der Altarort ist idealerweise nicht erhöht und nah an den Stühlen oder Bänken der anderen Teilnehmer, gerne mittendrin.

⟩ Die Musik kommt sowohl von der Orgel als auch von anderen Instrumenten, eine Einspielung eines aktuellen passenden Liedes ist ebenfalls möglich.

⟩ Gerade zu Beginn eines Gottesdienstes ist evtl. eine etwas mystische Musik hilfreich, um aus dem Alltag zur Ruhe zu kommen.

⟩ Aktualität im Gottesdienst ist wichtig. Die Menschen sollten spüren, dass sich Kirche nicht vor den heißen Themen des Alltags drückt, dass sie zwar nicht auf alles eine Antwort hat, aber versucht, sich einzubringen und mit den Menschen nach Lösungen sucht.

⟩ Ein kurzer Aktionsteil wäre wünschenswert, ohne die Gläubigen zu überfordern. In dem Zusammenhang könnten Gottesdienstbesucher nach ihren Meinungen gefragt werden, sie könnten ggf. Fürbitten formulieren oder Sorgen benennen.
Der Weg zur aktiven Teilnahme wird lang sein, denn wir sind in Deutschland eher zurückhaltend im *Mitmachen.* Leichter wird es, wenn etwas anonym aufgeschrieben wird. Aus Erfahrung weiß ich, dass sich daran Viele beteiligen.

⟩ Bewegung ist wichtig. Oft hilft es schon, wenn man geschriebene Beiträge nach vorne bringt.

⟩ Es sollten möglichst viele Dienste im Gottesdienst von unterschiedlichen Personen vorkommen: Neben den Gottesdienstleitern/Priestern auch Lektor/in, Messdiener/innen, Kommunionhelfer/in, Kollektant/in···

> Wenn ein Diakon die Messfeier mit macht, sollte er nicht um den Segen bitten müssen, das Evangelium vortragen zu dürfen.

> Kelch und Hostienschalen können einfach, aber aussagekräftig oder auch prunkvoll sein, denn darin ist das Wichtigste!

> Gebete könnten mehr und öfter gemeinsam oder abwechselnd gesprochen werden. Sie sollten für alle verständlich und kurz sein.

> Das Glaubensbekenntnis wünsche ich mir manchmal auch hier und da schonmal im Konjunktiv. Es ist nicht immer so einfach, das ganze Glaubensbekenntnis ehrlich und überzeugt zu beten. Wenn man gerade an der einen oder anderen Sache zweifelt, dann ist es einfach unwahr, wenn man im Chor mitspricht.
Ich empfinde das gezwungenermaßen unehrlich.

> Ich persönlich finde die gegenseitigen Verneigungen bei Priestern und Messdienern im Laufe der Gabenbereitung falsch, denn bis dato ist noch nichts *Besonderes* geschehen. Erst nach der Wandlung kann es Gründe für eine Verbeugung geben.

> Präfation und Hochgebet sollte in aktuelle Themen eingebettet sein. Auch darf es nicht zu lang werden. Ich spüre, dass das Stellen im Gottesdienst sind, an denen man oft nicht mehr hinhört. Das haben die Texte nicht verdient.

> Nach den Wandlungsworten wünschte ich mir eine besondere Stille, oder ein besonders ruhiges Lied, denn dieser Moment sollte mehr betont werden, weil er entscheidend ist.

> Dass sich in diesem Moment Himmel und Erde berühren, würde ich gerne hören oder sagen. Es gehört zu den modernen aktuellen Bildern, die die Menschen heute verstehen.

> Über die *Vater-Unser-Kette* und dem anschließenden Friedensgruß muss man auch einmal neu nachdenken. Es gibt eine Reihe Leute, die das nicht möchten, gerade im Sommer, wo jeder verschwitzte Hände hat. Das hört sich jetzt sehr banal an, aber es ist in der Tat eine Stelle in jedem Gottesdienst, in dem man gezwungen wird, evtl. etwas zu tun, was man nicht will. Darüber muss man nachdenken, auch wenn das Zeichen als solches sehr gut ist.

> Beim Austeilen der Kommunion würde ich persönlich auch lieber Worte wie: „Das Brot des Lebens", als „Der Leib Christi" hören. Es wäre – gerade auch für Kinder, unmissverständlicher und tiefer.

> Ein kleines Mitgebsel bei jedem Gottesdienst wäre ab und an schön, darf aber nicht übertrieben werden.

> Gemeinschaftsfördernd fände ich auch einen anschließenden Kaffee. Ich weiß aber auch, dass das nicht immer der Wunsch ist. Ich denke, das hängt von der Struktur der Gemeinde ab.

Und wenn ich aufwache···

sehe ich die mächtige Struktur „Kirche" vor mir.
So wird das nichts. Da ist viel zu viel Macht im Spiel.
Ich glaube, das ist ein Schlüsselwort in den künftigen Überlegungen.
Macht ist kontraproduktiv.
Mit Macht wird man die Probleme nicht lösen, keins, nicht mehr...
Es ist vorbei, schon lange und ich glaube, so langsam, ganz langsam fangen es alle an zu verstehen···

Schlusswort

So, jetzt bin ich also am Ende meiner – im Grunde jahre- und jahrzehntelanger Gedanken um diese meine/unsere Kirche.

Ich weiß, dass das nie aufhören wird, dass auch ich mich ändern werde, dass meine Empfindungen wechseln, wenn auch nicht grundlegend.
Und ich weiß auch, dass ich nur eine von ca. 1,3 Milliarden Katholiken auf der Welt bin – mein Gott, was für eine Zahl!
Was bin ich dagegen? Was mache ich mir für Gedanken über eine Kirche, die 1,3 Milliarden Menschen gerecht werden will.
Das, was ich spüre, spürt nur ein Bruchteil aller Katholiken.
Ich ahne, wie schwer es sein muss, Papst zu sein···
Ich könnte es nicht.

Aber apropos Papst:
Franziskus hat mich durchaus zusätzlich ermutigt, diese meine Gedanken einmal aufzuschreiben.
In seinem apostolischen Schreiben: „Evangelii Gaudium" schreibt er im 33. Kapitel (S. 30/31):
„Die Seelsorge unter missionarischem Gesichtspunkt verlangt, das bequeme pastorale Kriterium des „Es wurde immer so gemacht" aufzugeben. Ich lade alle ein, wagemutig und kreativ zu sein in dieser Aufgabe, die Ziele, die Strukturen, den Stil und die

Evangelisierungs-Methoden der eigenen Gemeinden zu überdenken. Eine Bestimmung der Ziele ohne eine angemessene gemeinschaftliche Suche nach den Mitteln, um sie zu erreichen, ist dazu verurteilt, sich als bloße Fantasie zu erweisen. Ich rufe alle auf, großherzig und mutig die Anregungen dieses Dokuments aufzugreifen, ohne Beschränkungen und Ängste. Wichtig ist, Alleingänge zu vermeiden, sich immer auf die Brüder und Schwestern und besonders auf die Führung der Bischöfe zu verlassen, in einer weisen und realistischen pastoralen Unterscheidung." [20]

Ja, ich lese auch: *„Wichtig ist, Alleingänge zu vermeiden···"*
Ich möchte keinen Alleingang. Ich möchte meine Ideen weitergeben und ein bisschen wachrütteln, um dann mit Vielen gemeinsam an dieser Kirche von heute weiter zu arbeiten. Und ich tue das schon immer.

Ich glaube daran, dass jeder Mensch auf dieser Welt für Gott wichtig ist – somit auch ich mit meinen kreativen, aber vielleicht manchmal schrägen, vor allem auch ängstlichen Gedanken, und auch alle, die komplett anders denken, als ich.

Ich glaube, dass Gott für uns alle einen Auftrag in dieser Welt hat, denn nicht alle können alles.
Ich glaube, dass Gott möchte, dass ich meine Erfahrungen weitergebe, und ich glaube, dass er es

für mich so vorgesehen hat, dass ich damit bei aller Kritik auch vorsichtig umgehe. Darum die vielen *Entschuldigungen*. Nur schweigen sollte ich nicht.

Und wo ich gerade von Entschuldigungen gesprochen habe:
Ich hoffe sehr, ich habe niemanden verletzt, wenn doch, so tut es mir sehr leid und ich bitte um Verzeihung. Aber ich glaube, im Großen und Ganzen war ich vorsichtig genug.

Ich bin ich, mit meinen Fähigkeiten und mit meinen Unzulänglichkeiten, mit meinen Ängsten und meinen Erfahrungen, den Guten und den weniger Guten. Und ich bin ich, mit meiner Liebe zu dieser Kirche, die ich nicht loslassen kann und die mich nicht loslässt, auch wenn sich für mich so vieles ändern müsste. Ich kann sie nicht loslassen, wie man ein Kind nicht loslässt, auch wenn es Wege geht, die man nicht für richtig hält.
Dabei bin eigentlich ich das Kind··· schon seltsam···

Und wie ist das jetzt mit dem Verzeihen?
Ich sprach am Anfang davon, es war eines meiner Ziele, die ich mit dem Buch hatte.
Ich muss zugeben, dieses kleine Buch hat etwas Luft gemacht.
Ich werde zwar nicht vergessen können, wie Kirche noch vor 50 Jahren seine Macht – zumindest *auch* - negativ ausübte, aber ich sollte diese Erfahrung für die positive Energie nutzen, die warnt und daran

arbeitet, dass Kirche immer lebendiger und endlich demokratischer wird. Von daher bin ich in der Tat nachgiebiger geworden.

Ich glaube weiterhin, dass wir in Deutschland an einem Punkt angekommen sind, an dem Kirche mit dem Rücken zur Wand steht.
Die Menschen stimmen mit den Füßen ab und kommen ganz einfach nicht mehr.
Und mit denen, die sich in der heutigen Liturgie noch wohl fühlen, müssen wir behutsam umgehen.
Sie haben ein Recht auf Heimat. Das wird ein Spagat, aber den müssen wir üben, auch wenn es wehtut. Es muss etwas aufbrechen, etwas wirklich Deutliches, etwas, was ganz offen zeigt, dass Kirche über sich selber nachdenkt und sich wandelt.
Es muss spürbar sein, in unseren Gottesdiensten, in den Gemeinden, in der Öffentlichkeit, in der Presse, für alle spürbar, auch für die, die der Kirche schon lange den Rücken zugekehrt haben.
Ich möchte nicht mehr, dass meine Kirche als altmodisch, verschroben, verknotet und unbelehrbar erscheint.
Aber ich muss zugeben, diese Tendenzen hat sie leider, auch wenn es zur Zeit in meiner Kirche ein bisschen aufbricht··· Gott sei Dank.

Und schließlich sind meine Überlegungen und meine Kritiken nicht alle weltweit übertragbar, weil verschiedene Kulturen andere Bedürfnisse haben und anders an den Glauben heran gehen.

Das schreit förmlich danach, dass man verschiedene
Wege gehen muss, verschiedene Wege mit einem
gemeinsamen Boden, auf den man die
verschiedenen Fußspuren drückt,
auf dem man in verschiedenen Schuhen läuft.

<u>Meine</u> Kerngedanken für unsere Kirche hier in Deutschland wären:

Es müsste eine Verselbstständigung der Gemeinden geben. Zurück zur Heimat, auf keinen Fall in die Großpfarreien.

Die Sprache in den Gottesdiensten müsste in Texten und Liedern moderner und alltagstauglicher werden.

Priester (auch mit allen weiteren Weihestufen) müssten heiraten dürfen und Frauen müssten Priesterinnen werden dürfen, ohne Wenn und Aber!

Solange es nicht genug Priester/innen gibt, müssten von der Gemeinde gewünschte Frauen oder Männer zu Gemeindeleitern/innen beauftragt werden.

Die Amtskirche dürfte nicht mehr als Verwaltungsapparat mit Macht über andere auftreten.

Alle Priester sollten in Gemeinden leben, für *Bistumsposten* ist der Beruf viel zu wertvoll.

Hierarchien in der Kirche müssten abgebaut werden - im Großen und im Kleinen.

Keine Ämterbezeichnungen und (evtl.) -kleidung, die Menschen voneinander abheben.

Gehorsam und Ehre gebührt einzig und allein Gott!

Gemeinde muss immer mehr Gemeinschaft werden und nicht aus Akteuren und Konsumenten bestehen.

Also:
Meine Gu(e)te, Kirche:
Aggiornamento!

„Reißt die Fenster auf – für Gottes Geist!
Öffnet die Türen – macht Euch bereit!
Öffnet Herz und Sinn – lasst euch entflammen!

Ein Neubeginn!"
(komponiert und getextet von meinem Mann Franz)

Ja, einen Neubeginn wünsche ich mir hier und da, ein Umdenken, ein Neu-Denken, ein *Ins-heute-holen"*. Meine/Unsere Kirche hat nicht nur Ecken und Kanten, sie ist nicht *nur* von Gestern, sie hat ungeheuer viel zu bieten.
Und es tut mir leid, dass so viele es nicht erfahren, weil die Äußerlichkeiten, die Schlagzeilen, das Alte und Verkantete eben *publikumswirksamer* sind, als das, was man erlebt, wenn man sich hineingibt in

diese Gemeinschaft, die nun schon mehr als 2000 Jahre überlebt.

Manchmal bin ich verzweifelt, wenn ich die Kritiken, die zum Teil berechtigten Kritiken höre und genau weiß, dass ich sie kaum entkräften kann.

Kirche kann so viel mehr, als nur zu kontroversen Diskussionen führen.

Ich hoffe, ich habe mit meinen Gedanken sowohl wachgerüttelt als auch Verständnis gefördert.

Ich möchte dazu ermutigen, nachzudenken, sich eigene Gedanken zu machen, die anders sein können und werden als meine, und die ernst genommen werden müssen.

Meine Gu(e)te, Kirche, mach was draus!

Lass nicht zu, dass deine Werte untergehen.
Du hast so viel zu bieten!
Viele Erneuerungsprozesse laufen zurzeit (2018/19) in den deutschen Bistümern.
Ich hoffe, sie haben Erfolg,
deutlichen Erfolg, sichtbaren Erfolg,
spürbaren Erfolg, messbaren Erfolg.

Jetzt ist die Zeit, es ist höchste Zeit,
und die Zeit für Minimalveränderungen sind vorbei.
Es geht um Gott, der sich nicht wehrt.
Er lässt uns machen.

Machen wir endlich!!!

Literatur- und Bildverzeichnis

- **Katholischer Katechismus**
  der Bistümer Deutschlands
  Herausgegeben von den deutschen Bischöfen
  Ausgabe für das Erzbistum Köln
  Patmos-Verlag Düsseldorf
  Düsseldorf 1964

  [1] vgl: Seite 18
  [2] vgl: Seite 22/23
  [3] vgl: Seite 175
  [4] vgl: Seite 22/23
  [5] vgl: Seite 278
  [6] vgl: Seite 238-242
  [7] vgl: Seite 233/234
  [8] vgl: Seite 255-257
  [9] Seite 16
  [10] Seite 27
  [11] Seite 102

- [12] **Lied: „Le curé"**
  Text: Pierre Delanoe
  Musik: Jacques Abel Jules Revaud, Michel Charles
  Sardou
  © Art Music France / Universal Music Publishing
  GmbH

- [13] **Lied: „Die Sache Jesu braucht Begeisterte"**
  Text: Alois Albrecht
  Musik: Peter Janssens, 1972

- **Messbuch**
  für die Bistümer des deutschen Sprachgebietes

Authentische Ausgabe für den liturgischen
Sprachgebrauch
Kleinausgabe – Das Messbuch deutsch für alle Tage des
Jahres
Benziger Einsiedeln und Köln, Herder Freiburg und Basel
Friedrich Pustet Regensburg, Herder Wien, St. Peter
Salzburg, Veritas Linz
Gesetzt und gedruckt in der von Alfred Riedel gestalteten
Adamas-Antiqua in der Offizin Herder in Freiburg im
Breisgau, gebunden in den Werkstätten des Benziger
Verlages Einsiedeln, 1976

[14] Seite 462 / [15] Seite 490 / [16] Seite 508 /
[17] Seite 407 / [18] Seite 502/503

- **Gotteslob** - Katholisches Gebet- und Gesangbuch
  Ausgabe für die Diözese Aachen
  Herausgegeben von den (Erz-) Bischöfen Deutschlands
  und Österreichs und dem Bischof von Bozen-Brixen
  Einhard Verlag, Aachen 2013
- [19] **Lied: „Jetzt ist die Zeit"**
  Text: Alois Albrecht © Dehm Verlag, Limburg,
  Aus: Junges Gotteslob,
  Limburg, 2011, www.dehm-verlag.de
  Musik Ludger Edelkötter; KiMu Verlag, Pulheim

- [20] Apostolisches Schreiben **Evangelii Gaudium**
  von Papst Franziskus
  Verlautbarung Nr. 194,
  Hrsg. vom Sekretariat der Deutschen Bischofskonferenz.
  Bonn 2013

Alle Bilder: eigene Aufnahmen

Zeitfracht Medien GmbH
Ferdinand-Jühlke-Straße 7
99095 Erfurt, Deutschland
produktsicherheit@kolibri360.de